© 2019 por Zibia Gasparetto
© iStock.com/Margaryta Basarab

Coordenadora editorial: Tânia Lins
Coordenador de comunicação: Marcio Lipari
Capa e projeto gráfico: Equipe Vida & Consciência
Preparação: Janaina Calaça
Revisão: Equipe Vida & Consciência

1ª edição — 2ª impressão
50.000 exemplares — dezembro 2019
Tiragem total: 100.000 exemplares

CIP-BRASIL — CATALOGAÇÃO NA PUBLICAÇÃO
(SINDICATO NACIONAL DOS EDITORES DE LIVROS, RJ)

L972t
    Lucius (Espírito)
    A força da vida / Zibia Gasparetto ; pelo espírito Lucius. - 1. ed.
- São Paulo : Vida & Consciência, 2019.
    320 p. ; 23 cm.

    ISBN 978-85-7722-651-1

    1. Romance espírita. I. Título.

19-60509
                             CDD: 808.8037
                             CDU: 82-97:133.9

Todos os direitos reservados. Nenhuma parte desta edição pode ser utilizada ou reproduzida, por qualquer forma ou meio, seja ele mecânico ou eletrônico, fotocópia, gravação etc., tampouco apropriada ou estocada em sistema de banco de dados, sem a expressa autorização da editora (Lei nº 5.988, de 14/12/1973).

Este livro adota as regras do novo acordo ortográfico (2009).

Vida & Consciência Editora e Distribuidora Ltda.
Rua Agostinho Gomes, 2.312 — São Paulo — SP — Brasil
CEP 04206-001
editora@vidaeconsciencia.com.br
www.vidaeconsciencia.com.br

A força da vida

ZIBIA GASPARETTO

Romance ditado pelo espírito Lucius

PRÓLOGO

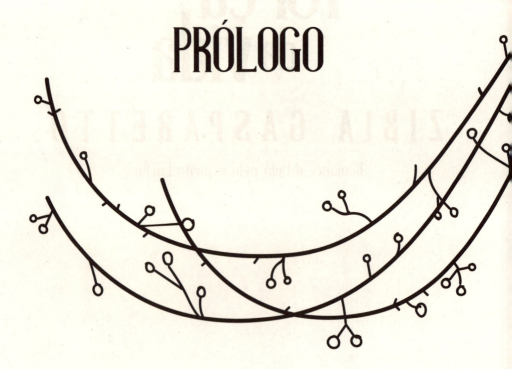

Amanhecia quando a caravana parou diante da porta da colônia Campos da Paz. O chefe tomou a dianteira e posicionou a mão na fechadura, de onde saía uma luz dourada. A porta, então, abriu-se suavemente, e eles entraram em silêncio. Eram, ao todo, nove pessoas, e seis delas carregavam uma maca na qual havia um homem ferido, com o rosto inchado, pálido, parecendo morto.

— Levem-no ao pronto-socorro. É necessário acomodá-lo. Depois de falar com Jules, irei vê-lo — explicou José.

Os primeiros raios da manhã estavam se delineando, e ele caminhou rapidamente até o imenso prédio situado no meio de um jardim magnífico, entrando em seguida pela porta principal.

O movimento era grande, e várias pessoas atarefadas circulavam pelo *hall*. José encaminhou-se para um corredor onde havia várias salas e parou diante de uma delas. A porta abriu-se, e um homem alto, moreno, que aparentava ter uns 50 anos e vestia um jaleco branco, aproximou-se, fixando-o com olhos brilhantes. Com certa ansiedade, Jules perguntou:

— E então, José, conseguiu?

— Sim. Consegui trazê-lo, mas está em péssimo estado. Levaram-no à sala de recuperação no isolamento.

— Eu sabia que não ia ser fácil. Trazê-lo foi uma vitória. Vamos até lá, pois quero vê-lo.

Os dois homens foram para o jardim e caminharam até o outro lado do muro, onde havia alguns alojamentos individuais. Um dos homens do grupo velava a porta, e eles se encaminharam para lá.

Ao passarem pela porta, atravessaram uma pequena sala e foram para uma câmara iluminada por uma luz azul. Lá havia diversos aparelhos funcionando com suas luzes coloridas. Alguns eram finos e transparentes, e neles se movimentavam líquidos de cores diversas.

Uma mulher de meia-idade, fisionomia atenta e olhos brilhantes acompanhava o trabalho de dois enfermeiros, que realizavam com cuidado uma avaliação do caso, tomando notas em uma ficha.

Jules aproximou-se do leito com interesse, abraçou a mulher com carinho e disse comovido:

— Que bom vê-la aqui, Norma!

— Eu não podia deixar de vir. Olavo está em meu coração.

Jules aproximou-se do paciente, que ainda não recuperara a consciência, e fixou seu rosto machucado. Ele, então, colocou a mão direita sobre a testa do assistido durante alguns segundos, desceu-a até o coração e depois, fixando Norma, comentou:

— Ainda bem que ele está aqui. Isso nos faz ter esperança de que possa melhorar.

— Sim. Quando, anos atrás, aconteceu aquela tragédia — que eu me esforcei para evitar —, prometi a mim mesma que faria tudo para que eles pudessem se perdoar, entender e retomar o caminho do progresso. Muitos anos se passaram, e ele foi rolando cada vez mais para o abismo até tornar-se insensível e cruel. Agora, contudo, sinto que ele está em condições de sensibilizar-se, tomar consciência da verdade e assumir o controle da própria vida.

— Tenho esperado esse tempo, torcendo para que ele reaja e consiga tomar consciência das coisas, recobrando a alegria de viver. O momento é propício, pois tudo está a favor dele. Se conseguir seguir adiante, certamente, obterá tudo o que deseja para ser feliz.

— Sinto que ele conseguirá. Renata também deseja o bem dele, e os outros torcem por ele. E, embora ela não comente, creio que o amor que sentia por esse homem ainda esteja vivo.

— Pois eu sinto um aperto no peito só de pensar nessa possibilidade. Renata agora está bem, recuperou a alegria de viver, faz projetos para sua felicidade. Não gostaria que eles voltassem a relacionar-se.

Norma sorriu levemente e respondeu:

— Assim fala seu coração de pai, Jules, contudo, eu penso que, naquelas cinzas, ainda há uma brasa escondida, e um dia tudo voltará à cena. Cada vida é uma possibilidade de evoluir, e, quando se esforça, o espírito tem melhores condições de realizar mais.

— Não falo como pai, Norma. Sei que esse parentesco só funciona quando estamos no mundo, e faz tempo que deixamos a Terra. Falo como pessoa, avaliando que ambos são espíritos opostos.

— Às vezes, os opostos se encontram para que ambos possam aprender. Essa, no entanto, é apenas uma hipótese que pode nunca acontecer. Nós não sabemos o destino deles.

— Você veio para ficar, Norma? — perguntou Jules.

— Não disponho de muito tempo, pois tenho outros compromissos, mas pelo menos ficarei um ou dois dias por aqui — esclareceu a mulher.

— Teria imenso prazer em tê-la em minha casa durante esse tempo — expressou sinceramente Jules.

— Obrigada, mas Olívia já me convidou, e eu aceitei. Prometo que estaremos juntos o quanto for possível.

— Preciso ir, mas estarei atento ao caso. Quando ele acordar, me avise.

Jules despediu-se e saiu. Norma observou o rosto traumatizado de Olavo, colocou a mão na altura da testa do assistido e começou a orar.

De suas mãos saíam energias coloridas, que penetravam na testa do enfermo, percorrendo-lhe o corpo, que estremecia de vez em quando.

Os enfermeiros já haviam cuidado da higiene e dos ferimentos do enfermo e o tinham vestido com uma túnica branca. Sob o efeito do tratamento das luzes coloridas, que percorriam os centros de força, o corpo de Olavo iluminava-se.

Aos poucos, a fisionomia dele foi se distendendo, serenando, e sua respiração tornou-se mais calma. Norma sorriu satisfeita. O assistido estava melhorando, e ela esperava, ansiosamente, que ele acordasse. Olavo, contudo, continuou dormindo, embora com mais serenidade.

O tempo foi passando, e Norma continuava velando Olavo ao lado do leito. No fim da tarde, quando Jules voltou, ela apenas disse:

— Ele ainda dorme, mas acredito que esse sono faz parte do tratamento. Quanto mais Olavo descansar, receber energias regeneradoras, não pensar em nada, mais depressa aceitará a situação e sofrerá menos.

Jules colocou a mão sobre o peito de Olavo durante alguns segundos e depois respondeu:

— Espero que seja assim. Da última vez que o encontramos, não conseguimos fazê-lo aceitar o tratamento.

— Sinto que, dessa vez, será diferente, Jules. Ele chegou ao fundo do poço. Lembre-se de que foi Olavo quem pediu ajuda.

— Vamos acreditar no melhor, afinal, em algum momento ele teria de ceder. Você passou o dia inteiro ao lado dele. Vá descansar um pouco. Ficarei sentado aqui e, se ele acordar, a avisarei.

Norma levantou-se e disse:

— Está bem. Acredito que Renata esteja sentindo a presença dele e precisando de mim.

Norma saiu rapidamente, atravessou o jardim e, antes de chegar ao prédio, encontrou Renata, que vinha em sentido contrário. Ao ver Norma, a moça aproximou-se, dizendo aflita:

— Eu quero vê-lo, Norma! Sinto que Olavo está muito mal. Preciso ajudá-lo de alguma forma.

— Acalme-se, Renata. Está tudo bem. Ele recebeu tratamento e, neste momento, está dormindo calmamente. Quando acordar, Olavo estará muito melhor.

— Sinto-me inquieta. Preciso vê-lo.

— Eu senti sua agonia e vim para ficar com você. Jules está com ele. Assim que Olavo acordar, prometeu que nos avisará. Acalme-se. Vamos para casa.

Renata segurou as mãos de Norma com força e, olhando-a nos olhos, perguntou:

— Tem certeza de que ele não fugirá novamente? Tenho medo que ele volte a perseguir Antônio.

— Ele está sem forças para sair daqui. Além disso, não sabe onde Antônio está. Vamos para casa.

— Eu quero vê-lo. Avaliar a situação de perto.

— Sua presença poderá trazer à tona lembranças desagradáveis, por isso esquecer o passado, muitas vezes, é um alívio. Acalme seu coração. Tudo está sob controle.

Lágrimas desciam pelo rosto de Renata, que disse emocionada:

— Mas eu quero ajudar, afinal, fui a causa do desentimento entre eles. Preciso fazer alguma coisa para apagar essa culpa que está me incomodando. Pedi que o trouxessem para cá para que eu pudesse intervir de alguma forma e acabar com esse ódio que tem nos infelicitado.

— Cada coisa tem seu momento. Sua intenção é boa, mas ainda não chegou o momento de você interferir. Cuide de si, melhore sua vida, estude, aprenda, trabalhe em favor do seu bem-estar e, um dia, quando estiver melhor, talvez possa fazer o que pretende. Vamos embora.

Estava escurecendo, as estrelas cintilavam no céu, e a lua clareava a noite. Norma abraçou Renata, que recostou a cabeça no peito da amiga, deixando-se ser conduzida. As duas elevaram-se, deixaram o local e, pouco depois, aproximaram-se da crosta terrestre, em um bairro do Rio de Janeiro. Pararam diante de uma casa sofisticada, localizada em uma rua arborizada e desceram, atravessando o telhado do quarto onde Renata estava adormecida.

Delicadamente, Norma colocou-a de volta ao corpo. Renata estremeceu, e Norma estendeu as mãos sobre a moça dizendo com voz calma:

— Descanse, minha querida! Não tema e confie em Deus! Estamos com você, e tudo vai dar certo.

Renata remexeu-se na cama, virou-se de lado e continuou dormindo. Uma mulher entrou no quarto e, vendo Norma, perguntou:

— E, então? Deu tudo certo?

— Sim, Margarida. Ele já está sendo tratado, e, desta vez, penso que obteremos sucesso. Cuide bem de nossa menina. Ela está muito nervosa, sentindo os acontecimentos. Se precisar de alguma coisa, me avise.

— Fique tranquila. Estarei atenta.

— Preciso ir. Fique com Deus — despediu-me Norma.

As mulheres abraçaram-se, e, logo depois, Norma elevou-se, atravessou o teto e desapareceu nas alturas.

Margarida sentou-se ao lado da cama e alisou a fronte de Renata, que continuava adormecida.

— Nós vamos cuidar de você. Nada de mal lhe acontecerá.

Margarida cuidava de Renata praticamente desde o nascimento da moça e a amava muito. Sensível e bondosa, a mulher tinha contato com os espíritos de luz desde tenra infância, por isso logo percebeu a presença de Norma e dela recebera informações sobre o passado de Renata, o que a fez prontificar-se a colaborar.

Margarida não sabia bem o que viria, mas sentia que chegaria o momento em que sua menina precisaria dela, e estava disposta a ajudar.

Notando que, mesmo adormecida, Renata estremecia de vez em quando, Maria sentou-se do lado da cama da moça e manteve a mão sobre a testa da jovem. Pouco depois, começou a rezar, pedindo auxílio aos amigos espirituais.

 A campainha tocou, e Margarida foi abrir a porta. Diante dela um jovem segurava uma caixa forrada por um papel dourado com uma flor branca em cima.

 — Entrega da Sedalinda para a senhorita Renata Albuquerque.

 — Pode entregar.

 — Assine o canhoto da nota, por favor.

 Margarida assinou, e o entregador se foi. Com um sorriso no rosto, ela subiu as escadas levando a caixa, parou diante da porta e bateu levemente, dizendo:

 — Sua encomenda chegou. Posso entrar?

 Em seguida, Renata abriu a porta e pegou o pacote com alegria, colocando-o sobre a cama. Alta e de corpo bem-feito, a moça tinha cabelos escuros, que contrastavam com sua pele clara e seus olhos verdes. Com lábios carnudos, ela estava no apogeu dos seus 22 anos.

 Margarida observava Renata com olhos brilhantes, admirando os gestos elegantes e a postura altiva da moça. Começara a trabalhar na casa como babá quando Renata tinha apenas dois anos de idade e encantara-se pela menina à primeira vista.

Renata era filha de Dionísio Albuquerque, um advogado criminalista bem-sucedido e famoso pela oratória, que o colocava entre os melhores do ramo, e de dona Eunice de Lima Albuquerque, uma mulher inteligente que, embora não trabalhasse fora de casa, acompanhava os casos do marido. Em todos eles, Dionísio sempre trocava ideias com a esposa, levando em conta os argumentos dela. Paulo José estava com 25 anos, e o pai do rapaz desejava que ele estudasse Direito, mas ele não tinha a menor intenção de seguir esse conselho.

Paulo José não apreciava a leitura, mas era ligado às artes. Gostava de música e da noite. Estava a par do movimento artístico da cidade, era um entusiasta da televisão e um grande admirador das mulheres bonitas que circulavam à sua volta. Rico, bonito, de bem com a vida, Paulo José estava sempre disposto a se divertir, vivia rodeado de belas moças e de amigos alegres.

De tanto os pais insistirem, ele matriculara-se na faculdade de Belas Artes. Tentou dedicar-se à pintura, mas não conseguiu continuar; ao estudo do piano — tentou durante mais um ano, porém, desistiu —; e, finalmente, definiu que se dedicaria à carreira de ator. Paulo José matriculou-se, então, em uma escola de teatro por sugestão de alguns amigos e começou a obter os primeiros resultados.

Os pais de Paulo José não viam com bons olhos essa situação, pois gostariam que o rapaz escolhesse uma profissão que lhe desse um futuro mais promissor. Ele, contudo, ao obter os primeiros sucessos, continuou a insistir nesse caminho. Sonhava em tornar-se um grande ator.

Renata, por sua vez, era o oposto do irmão. Leitora inveterada desde a infância, formara-se em Letras e nutria o sonho de ser escritora. Embora gostasse de dançar, era muito introspectiva e preferia os lugares calmos, onde pudesse usufruir do seu mundo interior e entender um pouco mais da vida e de seus mistérios.

Naquele sábado, os pais de Renata dariam uma festa em um badalado clube da cidade em comemoração aos trinta anos de casados.

Diante dos olhos brilhantes de Margarida, que seguia todos os gestos da Renata, a moça tirou o vestido da caixa e estendeu-o sobre a cama. O coração da empregada começou a bater mais rápido, e ela não se conteve:

— Que lindo, Renata! Nunca vi um vestido igual a esse! Esse tom de verde combinará com seus olhos! Você vai ficará deslumbrante!

— É muito bonito mesmo.

— Dona Eunice marcou hora no salão de beleza e pediu para você não se atrasar.

— Eu preferia me arrumar sozinha, do meu jeito. Não tenho vontade de ir ao salão.

— Sua mãe se zangará com você.

Renata deu de ombros:

— Bobagem. Ela pode ir, fazer como quiser, mas eu quero me sentir bem, ir à festa como gosto. Não quero parecer uma boneca de salão. Você já reparou que todas elas fazem tudo igual? Usam sempre o penteado da moda, os vestidos das cores do momento... até a maneira de andar elas copiam das artistas de cinema! E eu sou o que sou. Quero ser o que sou, verdadeira. Só assim me sinto bem. Por que me arrumar para parecer igual a todo mundo se posso ser eu mesma?

— Você tem de se aprontar, Renata. Sua mãe pretende sair em meia hora.

— Margarida, avise minha mãe que decidi não ir ao salão.

A empregada hesitou, e Renata insistiu:

— Ande logo, vá! Não ouviu o que eu disse?

Margarida saiu rápida, e Renata ficou diante do espelho pensando em como gostaria de arrumar os cabelos.

Pouco tempo depois, Eunice entrou no quarto da filha dizendo irritada:

— Você ainda não está pronta? Não podemos nos atrasar, Renata! Está na hora.

A moça respondeu com voz calma:

— Margarida não lhe deu meu recado?

— Deu, mas fingi que não escutei. Você irá de qualquer jeito ao salão, nem que eu tenha de arrastá-la.

— Você está forçando a situação. Eu não quero ir!

Eunice fuzilou-a com os olhos.

— Mas irá.

— Por que acha que preciso me igualar às outras moças? Me parecer com as outras moças? A senhora mesma vive dizendo que elas parecem bonecas! Que não possuem qualquer naturalidade Quer que eu seja igual a elas? Pois eu me recuso, mãe. Tenho o direito de me arrumar como gosto!

Dionísio apareceu na porta exclamando:

— O que está acontecendo aqui? Por que estão falando tão alto?

Irritada, Eunice fitou o marido, e Renata argumentou:

— Mamãe quer me forçar a ir ao salão de beleza, pentear os cabelos e ser maquiada como todas as outras moças, e eu quero me arrumar do meu jeito.

Dionísio olhou para Eunice, meneou a cabeça e disse com voz calma:

— Vá você. Deixe-a fazer como quer. Renata sempre se apresentou muito bem, e estou certo de que ficará linda como sempre.

Eunice respirou fundo, olhou para um e para o outro, depois disse com voz ameaçadora:

— Nesta noite, eu quero que tudo seja perfeito! Se você não aparecer linda como quero, ficarei muito triste.

Renata correu para o lado da mãe, abraçou-a e disse com voz carinhosa:

— Obrigada pela compreensão, mãe. Em sua honra, vou caprichar. A senhora vai adorar!

Dionísio segurou o braço da esposa:

— Vamos, Eunice, você não pode se atrasar. Nós dois precisamos chegar primeiro para receber os convidados.

— Eu pedi a Paulo José que chegasse mais cedo para checar se tudo está como combinamos.

— Nesse caso, tudo ficará muito bem.

Dionísio e Eunice saíram, e Renata respirou aliviada. Era cedo ainda, e ela acomodou-se em uma poltrona, colocou os pés em um banquinho, apanhou um livro e começou a ler.

Talvez porque a tarde estivesse morrendo, o sol se escondendo e as cortinas finas estivessem fechadas, sendo apenas movimentadas pela brisa leve que entrava pela janela, Renata sentiu-se relaxada. Entregue àquela atmosfera de tranquilidade e paz, a moça deixou que o livro que lia escorregasse de suas mãos até que, por fim, adormeceu.

Já entregue ao sono, Renata sonhou que estava em um belíssimo jardim, pontuado de flores de diversas cores e tamanhos, por onde caminhou com segurança. Intimamente, ela sentia que conhecia aquele lugar. De repente, divisou uma mulher sentada em um banco, aproximou-se e cumprimentou a mulher alegremente:

— Norma! Que bom vê-la!

As duas mulheres abraçaram-se com carinho, sentaram-se, e, de repente, Renata lembrou-se de algo. Com o semblante sério, ela perguntou:

— E, então, ele já acordou?

— Já. Está tudo bem. Aceitou o tratamento e pediu para ficar.

Renata respirou aliviada.

— Que bom. Espero que ele não tenha uma recaída.

— Jules está tomando conta dele, desta vez, sem brigar. Eles se entenderam, o que já foi um grande passo. Agora tudo está a favor do entendimento.

— Tenho medo de que ele queira reencarnar. Prefiro que continue sob os cuidados dos nossos superiores. É mais garantido.

— Não se preocupe. Você sabe que ele só voltará a reencarnar quando estiver em condições de aproveitar a oportunidade. Tudo isso é bem planejado. A vida não é moralista, ela é funcional. As coisas só dão certo, quando o espírito descobre como funcionam as leis do universo. As leis que regem nossa vida na Terra.

Renata respirou, pensou um pouco e depois disse:

— Eu sei. Desculpe-me. É que de alguma maneira eu pressinto que terei de fazer parte dessa situação e sinto certo receio.

— Hoje, tudo está diferente. Jogue fora esse medo, pois ele só a deixará mais fraca. Sua força está na crença de que tudo acontecerá na hora certa e de que as circunstâncias serão todas favoráveis. Não se esqueça disso.

Alguém bateu na porta do quarto, Renata acordou e olhou em volta, sem saber onde estava.

Margarida entrou no quarto e disse:

— Você não começou a se aprontar ainda? Sua mãe chegou, está se vestindo e quer sair dentro de meia hora. Precisa correr, Renata!

A moça levantou-se apressada:

— Separe tudo para mim. Vou tomar um banho rápido.

Enquanto deixava a água escorrer por seu corpo, Renata pensava no sonho que acabara de ter. A moça recordava-se de ter caminhado por um belíssimo jardim e conversado com uma mulher que lhe era muito querida. Tudo acontecera com naturalidade, mas Renata não conseguia se lembrar sobre o quê haviam conversado. Quem seria aquela mulher? De onde a conhecia? Ela questionava-se, mas não encontrava respostas.

Renata acreditava que tudo fora apenas um sonho, contudo, a lembrança do encontro continuava forte em seu íntimo, como se houvesse acontecido de verdade. Aquele encontro pareceu-lhe demasiadamente real, e ela carregou em si essa sensação por um bom tempo.

Enquanto a moça se aprontava para a festa e caprichava na maquiagem, fragmentos do sonho que tivera reapareciam em sua memória, e Renata esforçava-se para manter-se atenta ao que estava fazendo. Quando, finalmente, conseguiu ficar pronta, a moça desceu para a sala e respirou aliviada ao notar que Eunice ainda não descera. Renata aproveitou, então, para conferir sua aparência no grande espelho do *hall* e gostou do que viu.

O vestido verde-escuro de seda pura caíra no corpo da moça como uma luva. O decote deixava à mostra o pescoço bem torneado de Renata e seu colo alvo.

Seus olhos pareciam duas esmeraldas, e os cabelos escuros, levemente ondulados, estavam caprichosamente presos e emolduravam o rosto da jovem, conferindo-lhe a aparência de uma deusa.

Acompanhada do marido, Eunice desceu as escadas e aproximou-se da filha, fixando os olhos na jovem durante alguns segundos. Pouco depois, o rosto da matriarca distendeu-se, e ela comentou:

— Você está muito bonita! — disse Eunice satisfeita.

— Eu não disse que ela sabia o que queria? — Dionísio provocou.

— Parabéns, filha. Você parece uma fada!

— Obrigada, mamãe! A senhora está maravilhosa, e papai está, como sempre, muito elegante.

Eunice pediu:

— Vamos embora. Não quero me atrasar.

Era fim de verão, e a noite estava linda. Durante o trajeto, enquanto o casal conversava sobre a festa, Renata pensava no sonho que tivera à tarde e esforçava-se para recordar a conversa que mantivera com aquela mulher. Por que no sonho estava tão preocupada? Sentia que havia sido algo importante, todavia, por mais que se esforçasse, não conseguia lembrar-se de detalhes.

Passando pelo portão e pelos jardins do clube, o carro parou na entrada social do salão de festas. Dionísio, Eunice e Renata, então, desceram do automóvel e caminharam até o local onde aconteceria a festa.

No salão, as luzes acesas refletiam-se no brilho dos cristais, e havia flores artisticamente distribuídas e posicionadas por todos os lados. As mesas, arrumadas com capricho para o jantar, estavam dispostas em volta da pista de dança. Em um canto, os músicos, em trajes de gala, acomodavam-se no palco e já se preparavam para tocar.

Paulo José aproximou-se dos pais, acompanhado do organizador da festa, que se curvou diante do casal e disse:

— Espero que tudo esteja ao gosto dos senhores.

Eunice olhou para Paulo José como se pedisse detalhes ao filho, que, notando o gesto da mão, disse:

— Está tudo bem, mamãe! Esta festa será inesquecível. Todos vão adorar! Tudo está lindo e bem-feito.

— Eu e seu pai vamos receber as pessoas, então, lhe peço que fique atento a tudo para que não falte nada aos convidados e para que todos fiquem satisfeitos.

— Tudo está sob controle, deixe comigo. Vocês devem comemorar, aproveitar o momento. Divirtam-se.

A orquestra começou a tocar, e, logo, os convidados começaram a chegar. Pouco depois, o coquetel começou a ser servido.

As moças rodeavam Paulo José e os amigos do rapaz, e a conversa no grupo começou a ficar animada. Renata esforçava-se para ser educada com todos, mas tentava desvencilhar-se como podia das pessoas. Não queria conversar com ninguém. Preferia observar a beleza do ambiente, das flores e o rosto das pessoas. Buscava imaginar o que havia atrás da máscara social que elas exibiam e o que, de fato, lhes importava. Não fazia isso por curiosidade, mas para entender um pouco mais sobre a vida, os sentimentos de cada um, os sonhos das pessoas e seus desejos de felicidade. Quando conversava com alguém, sempre tinha essa finalidade.

A orquestra era boa, e a festa estava animada. Os rapazes ficavam em volta de Renata, disputando sua atenção, afinal, a moça estava especialmente bela naquela noite, com seu vestido verde-escuro de seda, que mais parecia uma extensão delicada de seus olhos. Mesmo que se movimentasse timidamente pelo salão, a beleza da jovem atraía olhares.

Além da grande paixão pelos livros, Renata adorava dançar. Ela, contudo, não gostava de ficar conversando enquanto dançava. Preferia sentir a música, entrar no seu ritmo. Quase sempre os rapazes que a tiravam para dançar tinham como objetivo cortejá-la, mas Renata, por sua vez, esquivava-se educadamente e perdendo, assim, o prazer de continuar.

A certa altura, já um pouco cansada, Renata decidiu caminhar pelo jardim e aproveitar a brisa da noite. A moça, então, procurou um banco discreto e sentou-se. A noite era clara, e a lua cheia reinava no meio das estrelas com sua luz de prata.

A beleza do momento tocou a alma da moça, que sentiu uma imensa saudade de algo que ela não conseguia ao certo definir. Renata, então, começou a se perguntar de onde vinha aquela emoção e como era possível sentir saudade de algo indefinível.

Renata fechou os olhos, e a imagem de um lugar belíssimo e cheio de flores surgiu em sua mente. A cena era tão vívida que a moça chegou a sentir um perfume delicado lhe invadir as delicadas narinas. Quando Renata quis buscar mais detalhes daquela cena que se desenhava em cores fortes em sua mente, tudo desapareceu de repente, e ela não conseguiu retomá-la. A imagem, contudo, fora tão forte que ficara gravada em sua lembrança. Uma energia de bem-estar, então, invadiu a moça, que novamente começou a questionar-se: "Onde terei visto esse lugar? Onde o luar é tão brilhante assim? Onde o azul é mais vivo, e as energias são mais leves e agradáveis? Tenho certeza de já estive nesse lugar? Mas quando?".

Nesse momento, vozes alteradas fizeram-na voltar à realidade. Um casal discutia muito próximo de onde Renata estava. A moça chegou a pensar em ir embora, mas logo imaginou que, se o fizesse, poderia constrangê-los. Achou melhor manter-se quieta e esperar que se fossem.

— Você não pode fazer isso comigo! O que farei de minha vida agora? Você tem de se casar comigo! Se meu pai descobrir, você não sairá vivo desta história!

— Eu nunca lhe prometi nada e não me casarei com você. Não posso, você sabe disso. Não tenho condições para me casar agora! Você se entregou porque quis. Eu nunca a forcei.

— Nunca me forçou, mas aceitou meu amor e agora quer tirar o corpo fora! Cuidado, pois estou desesperada! Você não sabe do que sou capaz. Aliás, não sabe o que é capaz uma mulher desesperada!

— Não tenho medo de seu pai nem de suas ameaças. Sua atitude é suspeita. Você fez isso de caso pensado. Nem sei se esse filho é meu.

— Você é muito ordinário! Agora mesmo, entrarei naquele salão e contarei tudo. Farei um escândalo! Quero ver onde vai parar sua fama de bom moço!

A moça disse isso gritando e depois se afastou a passos rápidos. Com a respiração suspensa, Renata apurou os ouvidos e esperou os passos do homem afastaram-se. A cena desagradável a deixara indisposta, não só pelo assunto, mas também pelo receio de que a moça fizesse mesmo o que prometera. Era a festa de seus pais, e um escândalo seria desastroso.

O homem, contudo, não ia embora, e Renata não queria ser vista. Com cuidado e sem fazer ruído, a moça afastou alguns galhos do arbusto tentando ver quem era. Ele continuava sentado no banco, mas de costas. Era alto, elegante, tinha cabelos escuros e porte atlético. Resignada, Renata esperou que ele saísse.

Meia hora depois, ela ouviu os passos do homem e, pela direção que tomara, concluiu que ele retornara ao salão. Renata respirou fundo e voltou à festa olhando para todos os lados, tentando saber se a moça com quem o homem discutiu fizera o que prometera. Tudo, no entanto, continuava calmo, e a festa transcorria descontraída e alegre. Renata encaminhou-se para a mesa dos pais, que conversavam com dois amigos.

Estela, filha de um casal amigo, aproximou-se de Renata e perguntou:

— Onde você estava? Os rapazes não me deram paz, querendo saber de você.

— Eu não queria dançar com eles, Estela...

— Não consigo entendê-la! Gostaria de ter sua sorte, de sempre estar rodeada de pretendentes. Não entendo, você adora dançar.

— Pelo prazer de curtir a dança, Estela. Mas eles querem me namorar, e eu odeio isso.

Estela meneou a cabeça e, olhando-a, disse séria:

— Eu não te entendo!

Baixando um pouco o tom de voz, Renata perguntou:

— Você ficou aqui o tempo todo? Reparou se aconteceu alguma discussão aqui? Tudo estava bem?

— Todos estão alegres, e a festa está maravilhosa. Por que pergunta?

— É que prometi à mamãe que cuidaria de tudo e fiquei muito tempo lá fora, descansando. Venha, vamos dar uma volta pelo salão, ver se está tudo bem.

Enquanto circulavam pelo salão e conversavam com alguns amigos, parando aqui e ali, Renata vasculhava o local à procura da moça e do rapaz que discutiram no jardim. Embora tivesse redobrado a atenção, não conseguiu identificar nenhum dos dois. Buscava na feição das pessoas espalhadas pela festa algum traço que a fizesse identificar quem era o casal cuja discussão ela presenciara no jardim. Buscava no rosto das moças um traço de angústia, decepção e raiva, e no dos rapazes um traço de contrariedade. O que ela ignorava, contudo, é que nem sempre as emoções humanas são tão óbvias.

A festa terminou, e, no trajeto de volta para casa, Renata continuou pensando no assunto. Sentia que aquela história poderia acabar mal e, naquela noite, na cama, antes de pegar no sono, a moça enviou ao casal desconhecido energias de entendimento e de paz por meio de suas orações costumeiras.

O domingo amanheceu chuvoso, e Renata espreguiçou-se sem vontade de se levantar. A moça fechou os olhos, desejando dormir um pouco mais, contudo, não conseguiu. Decidiu, por fim, levantar-se, tomar um banho e descer para o café.

Ao chegar à copa, Renata viu que a mesa estava tomada por muitos salgadinhos e pelo bolo, lembrando-a da festa da véspera. A moça sentou-se, serviu-se de café com leite e de um pedaço de bolo. Enquanto comia, lembrou-se de repente do diálogo do casal que ouvira sem querer. A curiosidade voltou, e ela começou a repassar na mente alguns casais de namorados que conhecia socialmente, mas não chegou a nenhuma conclusão.

Margarida aproximou-se e disse alegre:

— Pelos comentários de Paulo José, a festa deve ter sido maravilhosa! Fiquei imaginando tudo. Seus pais ainda estão dormindo. Devem ter se divertido muito.

— É, foi boa.

— Você não me parece nem um pouco entusiasmada. Você adora dançar! Não se divertiu?

Renata deu de ombros:

— Não muito. Eu gosto de dançar, sentir a música, entrar na harmonia dela, mas os rapazes só querem me abraçar forte, suspirar e dizer coisas ao meu ouvido, me cortejar, e não é isso que espero encontrar quando aceito dançar. Se eu tivesse um par que pensasse como eu, que fosse leve, alegre, natural, teria me divertido mais.

— Quando essa ruga se forma em sua testa, é sinal de que você não gostou mesmo dessa festa.

Renata olhou em volta e, certificando-se de que não havia ninguém por perto, baixou a voz:

— Fiquei impressionada com uma conversa que acabei ouvindo sem querer no jardim.

Em poucas palavras, Renata relatou para Margarida o que ouvira e finalizou:

— Tive medo de que ela fizesse o que havia prometido e acabasse com nossa festa, mas, felizmente, isso não aconteceu. Até tentei descobrir quem era o casal, observando o rosto das pessoas no salão, tentando identificar algo que remetesse à contrariedade após uma discussão, mas não consegui.

— Você ficou impressionada. Vai ver que até isso passou, e eles já se entenderam.

— É. Vou esquecer esse assunto, afinal, não tenho nada com isso.

— Paulo José está com alguns amigos na piscina. O dia está bonito! Vá ter com eles.

Renata não respondeu à sugestão de Margarida, limitando-se a terminar de comer. Após tomar o café da manhã, ela foi à biblioteca, apanhou um livro, acomodou-se em uma poltrona confortável e começou a ler.

Ela não gostava dos amigos do irmão, sempre tão ruidosos, discutindo as novidades dos teatros, dos filmes da moda, que normalmente terminavam em críticas maldosas e gratuitas. Era isso que a incomodava. Eles frequentavam os melhores espetáculos da cidade e, em vez de aproveitarem os bons momentos que a arte proporcionava, buscavam sempre salientar o pior lado. E, quando não encontravam nada, iam além, esmiuçando a vida pessoal de alguns artistas.

Paulo José não se separava deles. Estavam sempre confabulando, falando baixinho, e Renata não se sentia à vontade na companhia deles. Interpelada pelo irmão, que cobrava dela uma atenção maior para com seus amigos, Renata esquivava-se educadamente.

Entretida na leitura, ela ouviu:

— É aqui que você se esconde? Eu estava pensando por que uma moça linda como você faz isso.

Franzindo o cenho, Renata fixou o rapaz que a encarava sorrindo e respondeu:

— E eu não esperava que você invadisse minha privacidade sem ser convidado.

Nelson mordeu os lábios, olhou-a sério e tornou:

— Às vezes, é necessário ter ousadia. O dia está lindo, e não entendo como uma jovem saudável como você prefere fechar-se dentro de casa. Vim convidá-la a juntar-se ao nosso grupo. Maria Alice e Beatriz também estão conosco.

Renata colocou o marcador de página no livro, fechou-o e olhou séria para Nelson:

— Eu sempre faço o que gosto. No momento, prefiro continuar lendo este livro, portanto, se me der licença, gostaria de terminar o que estava fazendo.

— Eu insisto, Renata. Todas as vezes que venho aqui, fico esperando vê-la por perto e sempre saio frustrado. Se não deseja ficar com o grupo, pelo menos, aceite dar uma volta comigo, caminhar um pouco. Sua presença me encanta. Você é diferente de todas as moças com quem convivo. Gostaria muito de conhecê-la melhor.

Renata colocou o livro sobre a mesa lateral, levantou-se e, encarando-o, respondeu:

— Sua insistência é desagradável, Nelson. Se eu quisesse estar com você ou com seus amigos, teria ido. Já disse que quero continuar a leitura e não desejo ser indelicada com você. Deixe-me em paz.

Os olhos de Nelson brilharam rancorosos, quando ele disse:

— Você não quer, mas está sendo muito indelicada. Nunca ninguém fez isso comigo. Você ainda se arrependerá do que está fazendo.

Nelson deu as costas, saiu e foi reunir-se com os amigos.

Renata sentiu uma ligeira tontura, enquanto arrepios lhe percorriam o corpo. A moça sentou-se e passou a mão na testa, querendo afastar aquela sensação ruim.

Levantou-se, respirou fundo, entrou na copa e tomou um copo de água. Depois, foi para o quarto, encostou a porta, sentou-se do lado da cama, fechou os olhos e procurou ligar-se com seu mundo interior na busca por equilíbrio.

Renata sabia que dentro de sua alma existia a essência divina e que, ligando-se a ela, se ligava com Deus. Sempre que fazia isso, todo mal ia embora. A moça sentia inspiração, e as respostas às suas indagações surgiam claras em sua mente, como se alguém conversasse com ela. Renata deixou-se ficar alguns minutos nessa comunhão espiritual com a luz e, aos poucos, foi melhorando.

Tudo passou, e ela ficou muito bem, mas, quando pensou no irmão, sentiu um aperto no peito e começou a se perguntar:

— Por que Paulo José gosta da companhia desses amigos maldosos, de energia tão ruim?

Renata sabia que as pessoas se juntavam por afinidade, o que significava que Paulo José provavelmente era igual aos amigos e vibrava na mesma sintonia daqueles rapazes. O que antes ela considerava serem apenas brincadeiras da juventude, agora sentia que poderia ser algo mais sério, afinal, tudo está unido, conectado. Circulam no espaço todos os tipos de energias, tanto as elevadas e inspiradoras como as deletérias, e Paulo José, aparentemente, sempre fora ligado às de baixa vibração.

Renata começou a recordar-se de situações em que Paulo José estivera envolvido, de algumas atitudes, e só pedia intimamente a Deus que o irmão tivesse a chance de elevar sua vibração, pois a maldade tem vários lados, e todos eles levam ao sofrimento. Só o bem faz bem, já o mal causa mal. Basta um pensamento negativo para criar energias ruins que se materializam no corpo, provocam mal-estar e outras situações desagradáveis.

"Onde aprendi tudo isso?", questionou-se, e, vagamente, o rosto daquela mulher do sonho surgiu em sua mente. Renata sentiu, então, que fora ela quem lhe ensinara aquilo.

Renata voltou a pensar em Paulo José e foi tomada pela certeza de que, por mais que desejasse proteger o irmão, não tinha essa capacidade, pois sabia que as pessoas são as únicas responsáveis por escolher o próprio caminho, a forma como desejam viver, e ela não tinha como evitar isso.

A moça fechou os olhos e resolveu manter o pensamento elevado, positivo. Já usara essa técnica algumas vezes em pequenas coisas e tivera sucesso, então, ligou-se com a luz de sua alma e imaginou o irmão despedindo-se dos amigos, muito feliz, rodeado de pessoas melhores e verdadeiras. Ela decidiu que faria o exercício todos os dias para tentar ajudar o irmão de alguma forma. Nada perderia em tentar.

Depois disso, Renata voltou à sala, apanhou o livro e continuou a leitura.

Renata abriu a porta do quarto, contudo, não havia ninguém. Ela, no entanto, ouvira nitidamente as batidas e questionou-se: "Será que foi um sonho?". Apesar de já ter amanhecido, o silêncio fê-la acreditar que todos ainda dormiam. Eram sete horas da manhã, e, como se tratava de um domingo, dia em que todos se levantavam mais tarde, principalmente Paulo José, que sempre chegava com o dia já claro, Renata chegou à conclusão de que fora Margarida quem batera na porta.

A moça vestiu o penhoar e foi até a cozinha. Lá também não havia ninguém. Intrigada, Renata parou diante do quarto de Margarida e, notando que ela já tinha acordado, bateu na porta. Pouco depois, o rosto da empregada surgiu pela fresta da porta entreaberta:

— É você? Aconteceu alguma coisa?

— Eu que lhe pergunto. Por que bateu na porta do meu quarto?

— Eu?! Eu não bati, não! Acabei de acordar e nem me vesti ainda.

— Alguém bateu na porta. Ouvi muito bem. Se não foi você, quem teria sido?

— Não ouvi nada, Renata. Vai ver que você sonhou.

— É, poder ser.

— Vou me vestir e fazer o café. É folga da Maria... Por que não dorme mais um pouco?

— Estou sem sono. Vou tomar um banho e depois o café.

Meia hora depois, Renata caminhou até a cozinha, atraída pelo cheiro gostoso do café. A mesa estava posta na copa, e ela acomodou-se. Serviu-se de café com leite e, quando estava passando a manteiga no pão, Francisco, o motorista, apareceu na cozinha gritando:

— Socorro, me ajudem!

As duas mulheres correram assustadas, e Margarida perguntou:

— O que aconteceu?

— Paulo José está caído no jardim e parece estar morto!

— Vamos vê-lo! — disse Renata, assustada.

Francisco saiu, e as duas mulheres acompanharam-no até um canto do jardim. Paulo José estava desacordado, com as roupas rasgadas e havia sangue nelas.

Assustada, Renata colocou a mão sobre o peito do irmão:

— Graças a Deus, ele está respirando! Margarida, vá chamar papai, enquanto eu fico aqui com ele. Rápido!

— Vamos carregá-lo para dentro?

— Não. É melhor não mexer nele e chamar o médico.

Pouco depois, Dionísio chegou assustado ao local.

— O que aconteceu?!

— Não sei, pai! Ele está desacordado. Chamei várias vezes o nome dele, mas Paulo não me respondeu.

Renata sentia um forte cheiro de bebida, mas preferiu não comentar. Dionísio colocou a mão na testa do filho.

— Está gelada! E este sangue no paletó?! Será que foi um assalto? Vou ligar para o doutor Leocádio e pedir ajuda!

— Deixe que eu vá, papai. Fique com ele enquanto isso. Removê-lo pode piorar o estado de Paulo.

Renata estava falando com o médico, quando Eunice surgiu assustada:

— O que está acontecendo? Por que seu pai saiu correndo do quarto vestindo apenas o pijama?

Renata fez-lhe sinal para que esperasse, terminou a ligação e explicou:

— Francisco encontrou Paulo José caído no jardim, desmaiado, e papai está com ele. Acabei de ligar para doutor Leocádio e pedi que viesse para cá com extrema urgência.

Eunice empalideceu e disse nervosa:

— Onde eles estão? Quero vê-lo! Preciso ver meu filho!

Renata levou-a até lá.

— O médico está a caminho.

Vendo o filho naquele estado, Eunice cambaleou e disse nervosa:

— Ele está mal, parece morto!

Dionísio olhou para a filha e pediu:

— Vá pegar um calmante para sua mãe, Renata.

Margarida interveio:

— Tenho um calmante muito bom. Vou buscar.

— É melhor você ir com ela — pediu Dionísio a Eunice.

— Eu não arredo o pé daqui enquanto não souber o que ele tem.

— Pode deixar, eu vou buscar — decidiu-se Margarida.

Margarida afastou-se, enquanto Francisco, temendo que Eunice desmaiasse, colocou uma cadeira no jardim para acomodá-la.

Enquanto esperavam doutor Leocádio chegar, Renata entrou na casa e sentou-se perto do telefone, pensando se não seria melhor chamar uma ambulância. Era domingo, e o médico poderia demorar. Estava indecisa, quando ouviu alguém dizer:

— É urgente. Chame a ambulância.

Imediatamente, Renata ligou para o hospital e pediu socorro. Depois, fechou os olhos e conectou-se com Deus, pedindo ajuda espiritual. Sentiu-se mais calma e voltou para falar com o pai:

— Liguei para o doutor Leocádio. Ele acordou há pouco, mas prontificou-se a vir.

— Paulo José continua desacordado. Tentei reanimá-lo, mas ele não reagiu.

— O médico pode demorar. Liguei para o hospital e pedi uma ambulância.

— Fez bem. Essa espera está acabando comigo!

— Calma, pai! Pode não ser grave.

Meia hora depois, doutor Leocádio chegou e começou a examinar o rapaz, enquanto os demais esperavam ansiosos, com os olhos fixos nele.

— E então, doutor, como ele está?

O médico meneou a cabeça:

— Muito fraco. Perdeu muito sangue. É melhor removê-lo para o hospital.

Antes que eles respondessem, a sirene da ambulância soou, e o médico pediu:

— Abram o portão. Eles terão de entrar para acomodá-lo na maca.

Dionísio levantou-se:

— Enquanto eles providenciam a remoção, vou me vestir para acompanhá-los.

O médico interveio:

— Eu irei com ele na ambulância. Você pode se vestir e ir em seguida.

Os enfermeiros já haviam colocado Paulo José na ambulância, e o médico despediu-se:

— Encontro vocês lá. Vamos embora.

Dionísio colocou a mão no braço do médico.

— Faça tudo o que for preciso, mas não deixe meu filho morrer!

O médico não respondeu, abraçou-o rapidamente e acomodou-se na ambulância, que deixou a casa tocando a sirene para abrir caminho.

Eunice, com o rosto molhado pelas lágrimas, teve de ser amparada até chegar a casa. Renata e Margarida ajudaram-na, enquanto Dionísio se apressava em trocar de roupa. Enquanto a filha e a empregada confortavam Eunice, ele vestiu-se rapidamente e desceu as escadas. Vendo-o chegar já pronto para sair, Eunice disse aflita:

— Eu irei com você! Me espere!

— Você não está bem. É melhor ficar aqui. Assim que chegar lá, lhes dou notícias.

— Eu irei de qualquer jeito! Quero ficar perto do meu filho. Você tem de me esperar!

— Não posso. Estou muito ansioso. Ele pode precisar de mim.

Renata interveio:

— Mamãe quer ficar perto dele, pai, mas entendo seu lado. Pode ir. Nós trocaremos de roupa e iremos em seguida.

— É melhor assim.

Dionísio saiu apressado, enquanto Renata e Margarida amparavam Eunice, que estava trêmula e assustada. Rapidamente, ela foi levada ao quarto.

Margarida queria ir junto, mas Renata pediu que ela ficasse cuidando da casa e prometeu que informaria a empregada assim que tivesse notícias do enfermo.

Durante o trajeto até o hospital, Renata, segurando a mão da mãe, orava em silêncio. Apesar de sentir que a situação era grave, confiava que o irmão pudesse se recuperar.

Sentir que aquela agressão podia ser resultado das atitudes de Paulo José incomodava-a. Renata sabia que todos sempre colhem o que plantam e muitas vezes sentira que o irmão tinha um lado fraco, preferindo a companhia de pessoas levianas e maldosas às de boa índole. Naquele momento, ela sentia o quanto o amava e o envolvia com muito amor, imaginando-o recuperado, alegre, forte e saudável.

Quando Renata e Eunice chegaram ao hospital, seguiram direto para a recepção, buscando notícias de Paulo José. As duas logo viram Dionísio no corredor, esperando o resultado dos exames. Mãe e filha foram ao encontro dele, que, ao vê-las, se levantou e abraçou a esposa.

— E então, como ele está? — Eunice perguntou ansiosa.

— Está recebendo uma transfusão de sangue, enquanto fazem alguns exames. Ele ainda não acordou.

— Meu Deus! Ele deve estar muito mal!

— Não diga isso, mãe. Pensemos no melhor. Ele logo voltará a si e ficará bom. Paulo está precisando de energias boas para se recuperar.

Dionísio respirou profundamente, tentando acalmar-se:

— Essa espera é desesperadora, mas concordo com Renata. Precisamos esperar o melhor. Nem por um segundo, quero pensar no pior. Ele ficará bem, pois Deus é grande.

Eunice suspirou tentando acalmar-se e não respondeu. O tempo foi passando, e o médico não aparecia. Duas horas depois, a porta abriu-se, e doutor Leocádio aproximou-se. Os três se levantaram ansiosos, com medo de perguntar o estado de Paulo José. Apesar disso, Dionísio arriscou:

— E então, doutor, o que ele tem?

— Ele levou um tiro na altura do pâncreas. A bala o atingiu e o atravessou. Como demorou a ser atendido, perdeu muito sangue. A cirurgia correu bem, mas temos de aguardar. Por enquanto, Paulo está sedado e continua recebendo transfusões de sangue.

— Meu Deus, quem teria feito isso? — perguntou Eunice, aflita.

— Aliás, já demos ciência do ocorrido à polícia, que depois ouvirá nosso depoimento. No momento, apenas cuidaremos da recuperação de Paulo. Dentro de uma hora, se tudo estiver bem, ele poderá ser transferido para o quarto. Precisamos falar com a secretaria e fazer a internação — esclareceu o doutor.

Dionísio queria aprofundar-se no assunto, mas, por estar diante da família, conteve-se. Mais tarde, procuraria se informar melhor.

— Está bem. Vou providenciar tudo — ele respondeu prontamente ao doutor.

— Faça isso. Preciso ir embora, mas meu assistente ficará ao lado dele, e manteremos contato.

— Quero saber de tudo o que acontecer — pediu Dionísio.

— Fique sossegado. Acredito que Paulo ficará bem. Ele é jovem, forte e saudável e reagirá. Estou certo disso. Vamos aguardar.

O médico saiu, e, depois de regularizar a situação na secretaria, Dionísio propôs:

— Enquanto esperamos, vamos tomar um café, comer alguma coisa.

— Estou sem fome. Não quero comer nada — tornou Eunice.

— Pois estou com um vazio no estômago. Um café com leite seria bom — reforçou Renata.

— Todos nós precisamos nos alimentar. Temos de ficar bem para cuidar de Paulo. Ele precisará de nós — decidiu Dionísio.

Eunice suspirou:

— Tem razão. Precisamos ficar bem, pois não sabemos o que vem por aí.

— Ele vai melhorar, mãe. Precisamos pensar no melhor. Ele está vivo, recebendo tratamento. É saudável, forte, vai se recuperar. Estou certa disso.

❧

Na lanchonete, enquanto comiam, Eunice continuava inconformada com o que acontecera com o filho e buscava uma explicação para aquela difícil situação.

— Quem teria feito isso? Por que atiraram em Paulo? Teria sido um assalto?

— Penso que não. Se fosse um ladrão, teria levado o relógio, a carteira, contudo, não levaram nada. A polícia precisa investigar o caso e descobrir o que aconteceu. E eu não sossegarei enquanto não descobrir por que tentaram matar Paulo!

Renata sentiu uma opressão no peito, mas não disse nada. Ela mesma se fizera essa pergunta desde que viu o irmão estendido no chão.

Depois de fazer um lanche na companhia de Eunice e de Renata, Dionísio foi até o centro cirúrgico conversar com o médico. Ele fora informado de que o filho estava bem, mas que continuaria algum tempo em observação.

— Se tudo continuar bem, dentro de uma hora, ele irá para o quarto. Aproveitem para descansar um pouco.

O quarto já estava disponível, e todos se dirigiram para lá. Renata acomodou a mãe no sofá e sentou-se ao lado dela, tentando aparentar calma para infundir-lhe coragem. A apreensão de Dionísio e Eunice era evidente.

Sentado em um canto do quarto, Dionísio sentia o peito oprimido. Intimamente, perguntava-se o que motivara aquele crime, afinal, Paulo José sempre foi muito bem-visto na sociedade, tinha bons amigos, era respeitado, nunca fizera mal a ninguém nem se envolvera em coisas escusas, contudo, era evidente que aquele ataque não se tratava de um assalto. Alguém havia atirado nele para matar! Mas quem? Como descobririam a verdade?

Notando o nervosismo de Dionísio e Eunice, Renata, em pensamento, pedia aos amigos espirituais que fortalecessem os pais para que pudessem enfrentar a situação com coragem.

Uma hora e meia depois, os enfermeiros entraram no quarto trazendo Paulo José em uma maca. Dionísio, Eunice e Renata levantaram-se ao mesmo tempo, enquanto acomodavam o paciente na cama.

— Ele está bem? — indagou Dionísio.

— O médico logo estará aqui para informá-los sobre o estado do paciente, senhor.

Eunice, que se aproximara do leito, disse nervosa:

— Ele está tão pálido! Não é melhor chamar logo o médico?

— O paciente ainda está sedado, senhora, e a palidez é natural devido à perda de sangue. Mesmo com as transfusões, levará um tempo para o estado dele se normalizar. O médico já o liberou da UTI, o que é um bom sinal.

Eunice olhou o rosto do filho, depois fixou o enfermeiro e perguntou:

— Será que o médico vai demorar?

Dionísio interveio:

— Acalme-se, Eunice. Se ele não estivesse bem, o médico o teria deixado mais tempo na UTI.

O enfermeiro sorriu.

— Isso mesmo. Boa noite.

No momento em que os enfermeiros levaram Paulo José para o quarto, Renata viu Norma ao lado do irmão e sentiu-se aliviada. Ela, então, fechou os olhos e disse em pensamento:

— Que bom vê-la, Norma! Paulo vai se recuperar?

— O que aconteceu a Paulo foi um aviso para que ele não fuja de suas responsabilidades. É só o que posso dizer.

— Eu sinto que ele corre perigo e que tenho me omitido. Gostaria de ajudá-lo, Norma. O que posso fazer?

— Envolvê-lo com amor, Renata. Aproximar-se mais dele, tentar puxar o lado bom de Paulo José. Você é mestre nisso.

— Está bem. Farei o que puder! Obrigada.

Meia hora depois, o médico chegou, e os três se levantaram ansiosos. Dionísio quis saber:

— Ele ficará bem, doutor? Qual é o prognóstico de meu filho?

— Apesar de haver perdido muito sangue, acredito que ele vai se recuperar. É jovem, forte.

Aflita, Eunice interveio:

— Meu filho poderá levar uma vida normal?

— Acalme-se, dona Eunice. O pior já passou.

O médico aproximou-se do leito, tomou o pulso de Paulo José nas mãos e conferiu-lhe a pulsação. Depois, abriu levemente as pálpebras do rapaz e fez anotações na ficha pendurada no leito. Por fim, voltou-se para os três, que permaneciam com os olhos fixos nele, e considerou:

— Ele não terá sequelas. O corpo humano é tão perfeito que terá condições de superar o que aconteceu. O que me preocupa é como ele reagirá emocionalmente ao fato. Quando ele estiver melhor, seria aconselhável procurar a ajuda de um psiquiatra.

— Ele vai demorar a acordar? — perguntou Eunice.

— A anestesia está passando, mas ele tomará um calmante leve e só acordará amanhã, pois precisa descansar e ficar bem para conseguir falar sobre o que aconteceu. O delegado disse que voltará aqui amanhã à tarde para ouvir a versão dele.

— Ele estará em condições de fazer isso?

— Acredito que sim. Em todo caso, estarei por perto e só permitirei esse encontro se ele estiver bem. Agora preciso ir.

Depois que o médico se foi, Dionísio olhou o relógio e disse:

— É tarde, já passa das dez. Vocês duas devem estar cansadas. É melhor irem para casa. Eu ficarei aqui.

— Não arredarei os pés daqui de forma alguma. Vá você e leve Renata para casa. O doutor Leocádio disse que Paulo passará a noite dormindo, mas, se tiver alguma novidade, eu ligarei avisando.

— Não vou deixá-la aqui sozinha, Eunice. Você está cansada, nervosa, abatida. Precisa relaxar, descansar. Vá pra casa com Renata, descanse e volte amanhã cedo. Eu estou sem sono, posso ficar aqui.

— Não adianta. Não sairei daqui enquanto meu filho não estiver melhor.

— Nesse caso, acompanharei Renata até em casa e voltarei para cá e lhe farei companhia.

— Pai, pode ficar aqui com a mamãe. Francisco está lá fora de prontidão e pode me levar para casa — sugeriu a moça.

— Acha que ficará bem?

— Sim. Procure descansar. Amanhã cedo, estarei de volta. Se precisarem que eu compre ou traga alguma coisa, é só me avisar.

Renata beijou a testa do irmão, abraçou a mãe com carinho, e Dionísio acompanhou-a até o carro. Francisco estava ansioso, esperando notícias do rapaz. O motorista, discreto, educado, cumpridor de suas funções,

46

trabalhava havia mais de oito anos para a família e era querido e respeitado.

— Ele ficará bem! Deus é grande! — exclamou aliviado.

— Renata está precisando descansar. Tome conta dela, Francisco. Peço que a leve em segurança para casa e que, se notar algo estranho, chame a polícia. Não sabemos exatamente o que aconteceu, o que motivou esse tiro que Paulo José levou. Não sabemos com o que estamos lidando.

— Pode deixar, doutor! Ficarei de olho e pedirei que Margarida cuide de dona Renata.

❧

Em casa, Margarida, ansiosa, os esperava. Quando Renata chegou, a mulher abraçou-a com carinho.

— Você está abatida! Como estão as coisas no hospital? Paulo José ficará bem?

— Ele passou por uma cirurgia, foi submetido a algumas transfusões, pois perdeu muito sangue devido ao ferimento à bala e continua dormindo. Está sedado ainda, mas doutor Leocádio disse que ele certamente vai se recuperar.

— Tem certeza de que ele ficará bem?

— Tenho. Como ele está estável, nem ficou na UTI. Já está no quarto. O médico deu-lhe um remédio para dormir, pois quer que ele descanse e acorde amanhã sem dor.

— Ainda bem! Mas você está abatida.

— Estou cansada, Margarida. Só isso. O susto foi grande, mas agora estou mais calma. Só preciso mesmo descansar.

— Antes de descansar, você precisa comer. Preparei aquela sopa de que você tanto gosta. Tome ao menos um prato dela.

— Estou sem fome.

— Mas vai comer, pois precisa recuperar as energias. Ou quer que seus pais tenham de cuidar de dois filhos doentes?

— Está bem. Vou subir, tomar um banho e virei tomar a sopa.

— Eu mesma a levarei ao seu quarto.

Renata beijou-a levemente na face.

— Obrigada. É bom tê-la aqui, Margarida!

Mais tarde, Margarida ficou no quarto conversando com Renata, enquanto a moça tomava a sopa e lhe dava detalhes dos acontecimentos. Depois que a mulher se foi com a bandeja, Renata estendeu-se na cama, pensou no irmão e novamente sentiu um aperto no peito.

"Ele não está bem!", pensou. "Essa energia ruim está sobre ele".

Renata fechou os olhos e elevou o pensamento, tentando estabelecer contato com seu guia espiritual. Pensou no irmão, e uma onda de raiva a envolveu. Em seguida, por meio de uma projeção astral, viu-se no quarto do hospital e divisou sobre a cabeça dele uma sombra, que se parecia com a de um homem, cujo rosto a moça não conseguiu enxergar. Dessa sombra saíam raios que envolviam o corpo de Paulo José. Renata, então, aproximou-se do leito, estendeu a mão sobre a cabeça do irmão e pediu ajuda aos espíritos amigos.

Adormecido, Paulo José parecia não registrar aquela presença, mas Renata, observando aquelas energias penetrarem no corpo do irmão, continuava pedindo a ajuda da espiritualidade para que intercedesse pelo rapaz. Em suas leis perfeitas, Deus sempre nos proporciona o auxílio dos bons amigos de luz para apaziguar nossas aflições e angústias.

Pouco depois, Norma e José entraram no quarto, e, imediatamente, uma onda de luz envolveu a sombra, que desapareceu de forma instantânea. Os dois, então, estenderam as mãos sobre Paulo José, e Renata, em espírito, juntou-se a eles em prece. A respiração do rapaz, que estava um pouco pesada, foi se suavizando.

Eunice, apesar de ter se estendido no sofá, estava agitada e não conseguia pegar no sono. Vencida pelo cansaço, a mulher chegava a cochilar um pouco, mas logo acordava assustada, remexia-se agitada, sentindo o coração descompassado.

Sentado em uma poltrona, Dionísio, insone, velava a esposa e o filho, mas não conseguia vencer o medo do futuro. Não tinha dúvida de que alguém atirara em Paulo José para matá-lo. Tudo indicava que não fora uma tentativa de assalto, que aquele tiro fora motivado por outra razão. E, como o autor do disparo não conseguira seu intento, poderia tentar de novo. O risco persistia.

Dionísio ficava imaginando que providências teria de tomar para evitar que isso acontecesse de novo e agora pensava em Renata, que estava sozinha na casa apenas na companhia dos empregados. Não sabia se a filha também corria risco, então, seu temor aumentou. Aquele tiro fora efetuado com a intenção de matar Paulo José ou para atingi-lo? Atentariam contra a vida de Renata e Eunice também? A angústia só aumentava no coração do patriarca da família.

Os três espíritos, em oração, envolveram o casal com energias de luz e amor, e Eunice conseguiu, finalmente, adormecer. Dionísio, embora não tivesse conseguido conciliar o sono, começou a sentir-se um pouco mais calmo e firmou o propósito de proteger a família de todas as formas. Contrataria profissionais experientes para trabalharem em paralelo à polícia para descobrir quem fora o agressor. Estava clareando quando, finalmente, Dionísio conseguiu relaxar e adormecer.

Os três, então, deixaram o hospital. Norma e José acompanharam Renata, conduzindo-a novamente ao corpo, e depois se elevaram rumo ao infinito.

CAPÍTULO 3

Na manhã seguinte, assim que acordou, Renata ligou para o hospital para saber como o irmão passara a noite, e Eunice informou-lhe que Paulo José ainda não despertara. O rapaz fora submetido a alguns exames, e, após avaliar os resultados, o médico dissera que tudo estava indo bem e que em breve o rapaz acordaria. Depois de se inteirar do estado do irmão, Renata informou à mãe que, depois do café da manhã, iria para o hospital com Margarida.

A moça estava desligando o telefone quando o pai chegou a casa. Abatido e preocupado, Dionísio, antes mesmo de ser interpelado pela filha, foi logo dizendo:

— Só vim tomar um banho e trocar de roupa. Vou voltar daqui a pouco para o hospital. O delegado irá para lá tomar o depoimento de Paulo José, e quero acompanhar tudo.

— Margarida e eu também seguiremos para lá, pai. Poderíamos ir juntos.

— Eu não posso demorar, filha. Se quiserem ir comigo, estejam prontas quando eu descer.

Quinze minutos depois, Dionísio desceu as escadas. As duas mulheres estavam na copa aguardando-o, e Renata passou o braço no do genitor.

— Pai, estamos tomando café. Ontem, o senhor passou o dia inteiro sem comer nada, e todos nós precisamos ficar bem para cuidar de Paulo José. Venha. Margarida fez aquela panqueca de que tanto o senhor gosta.

— Está bem, mas não podemos demorar.

Enquanto comiam, Renata envolvia o pai com energias de carinho e paz.

— Essas panquecas estão muito boas, Margarida! Você se superou hoje! Parabéns!

Os lábios de Margarida abriram-se em um doce sorriso.

— O senhor estava com fome! Foi isso!

— Não seja modesta! Eu até comi duas panquecas! — tornou Renata, sorrindo.

— Foi bom eu ter me alimentado! Estou me sentindo muito melhor!

Renata sorriu, agradecendo à espiritualidade por todas as orientações que estava recebendo e que a estava ajudando a cuidar da família.

❧

Quando os três entraram no quarto do hospital, Eunice levantou-se dizendo:

— Ainda bem que chegaram. Não gosto de ficar sozinha. Todos os tipos de pensamentos ruins aparecem.

— Você está cansada, Eunice! Não dormiu nada a noite passada. Precisa ir para casa, tomar um banho, se alimentar direito e descansar. Eu estou me sentindo melhor depois que fiz isso. Ficarei aqui com ele para que você possa ir até em casa se refazer.

Renata interveio:

— Margarida fez daquelas panquecas de que você gosta. Estão maravilhosas. Trouxemos algumas, e é melhor que coma antes de esfriarem.

— Estou sem fome. Parece que tenho um bolo no estômago.

Dionísio abriu o recipiente com as panquecas e ofereceu à esposa:

— Coma, ainda está quente. Você vai se sentir melhor. Precisamos ficar fortes para cuidar de Paulo José.

Para não decepcioná-los, Eunice começou a comer as panquecas preparadas por Margarida. "Hum, estão mesmo muito boas!", pensou, alimentando-se.

Meia hora depois, Paulo José começou a se mexer no leito e colocou a mão no braço em que haviam colocado o acesso para o soro e as medicações. Renata segurou a mão do irmão e disse:

— Calma, está tudo bem. O pior já passou!

Ansiosos, Eunice, Dionísio e Margarida aproximaram-se do leito. Ainda atordoado, o rapaz abriu os olhos e questionou:

— O que aconteceu? Onde estou? Que lugar é este?

Dionísio respondeu:

— Você está no hospital, filho. Passou por uma cirurgia, mas está tudo bem.

— Pai, estou tonto.

— Você ainda está fraco e está tomando muitas medicações. Fique calmo.

A voz de Paulo José estava pastosa e um pouco enrolada. O enfermo, então, fechou os olhos e adormeceu novamente.

A enfermeira, que chegara naquele exato momento para administrar-lhe um medicamento, tomou o pulso do rapaz. Pouco depois, ele abriu levemente um dos olhos. A mulher explicou:

— Ele está voltando a si e em breve estará totalmente acordado.

Uma hora depois, Paulo José despertou totalmente, reclamando da dor que sentia na barriga. Ele levantou a cabeça bruscamente e ficou tonto.

Renata ergueu a cabeceira da cama, ajeitou os travesseiros para acomodá-lo melhor e disse:

— Você ainda não pode se levantar, meu irmão.

— Estou sentindo muita dor.

Eunice chamou a enfermeira, que trouxe um comprimido e fez o rapaz tomar. Ela explicou:

— Ainda vai doer um pouco, mas tenha paciência. Logo, logo, você estará melhor.

Assim que a enfermeira se foi, Dionísio sentou-se ao lado da cama, fixou o filho e perguntou:

— Você se lembra do que aconteceu?

Paulo José pensou um pouco e depois, como se tentasse fazer uma rápida retrospectiva dos últimos acontecimentos de que se lembrava, disse mais para si mesmo:

— Eu saí da festa na casa do Julinho de madrugada, não me lembro muito bem da hora. Cheguei em casa, abri o portão, entrei com o carro na garagem, e, quando estava caminhando em direção à porta, um vulto saiu de trás do muro. Vi que ele estava armado e senti que iria atirar em mim. Quis fugir, mas não consegui. Ouvi dois estampidos e senti uma forte ardência na barriga e algo quente empapando minha roupa. Senti tontura e caí. Quis gritar, chamar alguém, foi horrível.

Depois, não me lembro de mais nada. Só de acordar aqui. Já sabem o que aconteceu, quem fez isso?

Dionísio meneou a cabeça negativamente:

— Ainda não. Não sei por quanto tempo você ficou estendido ali, filho. Foi o Francisco quem o encontrou desmaiado e veio nos chamar. O doutor Leocádio o socorreu e trouxe-o para cá. Você, então, foi submetido a uma cirurgia e a algumas transfusões de sangue, que salvaram sua vida.

Uma onda de emoção passou pelo rosto de Paulo José, que ficou calado durante alguns segundos. Ele perguntou:

— A cirurgia foi para extrair as balas?

— Não, filho. As balas atravessaram seu corpo. Extraíram alguns fragmentos, mas os projéteis, em si, foram encontrados no chão. Filho, tudo correu bem. O importante é que você não terá sequelas.

Paulo José ficou calado por mais alguns segundos e depois comentou:

— Nunca imaginei que isso pudesse me acontecer!

— A polícia já está investigando o caso. O delegado virá aqui hoje para interrogá-lo e para tentar obter alguma pista.

— Só pode ter sido um assalto, pai. Esses bandidos andam soltos à nossa volta.

— A polícia acredita que não foi um assalto, filho, afinal, quem atirou em você não levou absolutamente nada. O dinheiro estava na sua carteira, o relógio continuava em seu pulso quando o encontramos, e aquela caneta de ouro, que você gosta de levar no bolso interno do paletó, estava lá também. Conhece alguém que tenha inveja ou raiva de você? Faça um esforço para se lembrar, filho. Essa pessoa atirou para matá-lo! Eu também tenho vasculhado minha mente, buscando encontrar alguém que possa ter feito isso para me atingir. Estou realmente preocupado.

Paulo José ficou pensativo durante alguns segundos e depois meneou a cabeça negativamente, dizendo:

— Eu não tenho inimigos, pai! Só pode ter sido um assalto.

— A polícia acredita que exista outro motivo. Essa pessoa não entrou na casa, não tentou levar nada. Nem o carro foi levado.

— Vai ver que alguém da casa acordou, abriu alguma janela, e ele, assustado, fugiu.

Ao ouvir o que o irmão dizia, Renata sentiu um aperto no peito e perguntou-se intimamente por que o irmão estava tentando fazer o pai e a família acreditarem naquela hipótese. Paulo José não estava querendo se abrir, falar o que sabia, nem colocar suas dúvidas. Parecia que ele estava tentando parar a investigação. Renata, então, pensou que o perigo de uma nova tentativa de assassinato continuava e que o motivo daquele atentado não estava claro.

Enquanto Dionísio conversava com Paulo José, explicando-lhe o que o médico dissera sobre a cirurgia, Renata lembrou-se da discussão que ouvira no jardim, na noite da festa. Ela não conseguira ver o casal, pois estava em um banco atrás de uma sebe florida. Escutara apenas a discussão e as vozes alteradas, mas não sabia quem eram os donos daquelas vozes.

Renata questionava-se se aquele fato teria alguma coisa a ver com o atentado contra seu irmão. "Será que, de alguma forma, Paulo está envolvido com aquele caso?", perguntou-se. Paulo José era o líder no grupo de amigos e sempre os defendia em qualquer situação.

Ela não gostava dos rapazes que viviam em volta dele, bajulando-o e tirando proveito de sua boa vida.

Se o rapaz que a moça ameaçara fosse um dos amigos de Paulo José, ele certamente se envolveria a favor dele. Teria sido essa a causa do atentado?

Quanto mais pensava no assunto, Renata convencia-se de que o irmão estava envolvido naquele caso. Não acreditava, contudo, que o irmão fosse o pai do filho da moça. Ele circulava com muitas mulheres, não lhes prometia nada, apenas se divertia com os jogos que elas faziam para conquistá-lo. Nunca, contudo, havia namorado ninguém. Renata acreditava que o irmão não seria tão inconsequente de engravidar uma moça.

Ainda absorta em seus pensamentos, Renata decidiu que, quando Paulo José estivesse melhor e não houvesse ninguém por perto, teria uma conversa sobre o que acontecera na noite da festa, então, saberia se suas suspeitas tinham algum fundamento.

❧

Na tarde daquele dia, o delegado finalmente apareceu acompanhado de um escrivão para tomar o depoimento de Paulo José. O rapaz, ainda convalescente, queria sentar-se, mas a enfermeira, levantando um pouco a cabeceira da cama, orientou:

— É melhor não forçar o local do ferimento. Lembre-se de que o senhor levou pontos internos e externos. Vou ajudá-lo. Recoste-se com cuidado e não faça esforço.

Paulo José levantou a cabeça devagar, sentiu um pouco de tontura, e a enfermeira colocou outro travesseiro atrás da cabeça do rapaz para mantê-lo apoiado. Ela perguntou:

— Como se sente?

— Um pouco fraco.

Observando os policiais, que se acomodaram do lado do leito onde o rapaz estava deitado, ela considerou:

— Seria melhor deixar esse interrogatório para amanhã.

O delegado meneou a cabeça:

— Impossível! Os tiros foram para matar! Como não conseguiu, o assassino pode voltar. Temos de esclarecer alguns fatos. Paulo, você teve alguma discussão, uma briga com alguém?

— Não. Eu sou de paz, delegado. Acredito que tenha sido vitimado por alguém que entrou na propriedade para roubar, mas foi surpreendido por mim. Eu estava voltando de uma festa na casa do Julinho, meu amigo. Cheguei de madrugada à nossa casa.

— Você viu o elemento que efetuou o disparo?

— Não. Eu havia bebido um pouco, afinal estava em uma festa, e não vi nada. Apenas ouvi os tiros, senti uma forte ardência na barriga e perdi os sentidos. Depois, acordei aqui. É tudo o que posso lhes dizer.

O delegado ficou pensativo durante alguns segundos e depois disse:

— Olha, rapaz, neste mundo há muitas pessoas invejosas... você é um jovem da alta sociedade e pode ter despertado a cobiça alheia. Há muita gente desequilibrada e solta por aí, que, quando não tem acesso a algo, acaba tentando destruir o outro. Além de tudo, seu pai é um criminalista importante e pode ter mexido com gente perigosa, o que justificaria o atentado que sofreu. São ainda suposições. Esse tiro pode ter partido de gente

60

próxima de vocês ou de alguém que queira atingir seu pai. Nós estamos acostumados a lidar com casos como esse e prender os culpados. Descartada a hipótese de tentativa de assalto, temos de pensar em outras possibilidades, por isso, não tenha receio de nos contar a verdade. Sabemos como lidar com esses casos.

Paulo José não respondeu de imediato, e o delegado esperou em silêncio. Depois, o rapaz disse:

— Não acredito nessas hipóteses. Para mim, foi apenas uma tentativa de assalto.

— Que por pouco não lhe custou a vida. Você está vivo, e isso certamente vai desagradar seu algoz. Não acha que está correndo risco?

— Pretendo pedir a meu pai que contrate um segurança armado para proteger nossa família. Se esse ladrão aparecer, será preso!

O delegado ficou em silêncio durante alguns segundos e depois disse:

— Quando você caiu ferido, ele estava armado e poderia ter rendido todas as pessoas da casa, ter roubado o que quisesse. Por que ele não o fez, então? Nem sequer levou sua carteira e seus pertences pessoais.

— Penso que alguém da casa possa ter ouvido um barulho e aberto alguma janela. Só pode ter sido isso!

O delegado fixou-o sério, depois, voltando-se para o escrivão, perguntou:

— Anotou nossa conversa?

— Sim, doutor.

— Entregue a ele para que assine.

Com cuidado, o escrivão colocou o papel sobre um livro e pediu a Paulo José que desse um visto no depoimento. Depois, explicou:

— Passarei suas declarações a limpo e voltarei aqui para que assine.

Renata ouvira toda a conversa e notou claramente que Humberto, o delegado, não ficara convencido de nada que Paulo José dissera. Quando eles deixaram o quarto, Renata acompanhou-os e, no corredor, disse séria:

— O senhor aceitou a hipótese de meu irmão?

— Por que pergunta?

— Porque eu também não acreditei no que ele disse.

— A senhorita sabe de alguma coisa mais e gostaria de me contar?

— Não, mas gostaria de conversar um pouco mais com o senhor e ajudar meu irmão.

— Poderíamos ir ao café, onde conseguiríamos conversar melhor.

Renata acompanhou-o até o café. Encontraram uma mesa mais afastada, sentaram-se, e ela começou a falar:

— Paulo José tem muitos amigos e não é muito seletivo. Assim como tem em suas relações amigos equilibrados, tem também bajuladores e divertidos. Meu irmão alimenta um pouco sua vaidade com esses amigos, mas não é um mau rapaz. De uns tempos para cá, notei que ele faz tudo para proteger esses amigos, mesmo quando fazem algo errado. Sinto que isso não está certo. Tenho tentado chamar sua atenção, mas ele não leva a sério.

Renata calou-se pensativa, e o delegado pediu:

— Explique melhor...

— Não acreditei na versão que ele tem sustentado. Ficou claro que o móvel não foi o roubo.

— Por que acha que ele deu essa versão?

— Para proteger alguém.

— Desconfia de quem seja?

— Não tenho provas de nada, mas sei como meu irmão costuma agir. O senhor acreditou no que ele disse?

— Por enquanto, estou apenas averiguando os fatos. Continue observando os amigos dele, fique atenta ao que cada um pensa sobre o caso. Quando eles forem visitá-lo em sua casa, peço que preste muita atenção à reação deles ao estado de Paulo José. Esse pode ser o caminho para chegarmos ao culpado.

— O senhor continuará à frente do caso?

— É meu trabalho, e sua ajuda poderá ser muito útil para mim. Peço que entre em contato direto comigo neste telefone. Não é da delegacia; é um número particular. Não o passe para ninguém. Confio na sua discrição. Em investigações, as paredes têm ouvidos!

— Está bem.

O delegado despediu-se, e Renata, pensativa, voltou ao quarto onde o irmão estava internado. A moça ainda não mencionara ao delegado a conversa que ouvira na noite da festa e estava reticente sobre falar ou não sobre o assunto, embora suspeitasse que aquele episódio podia ter a ver com o caso. Não acreditava que o irmão fosse culpado daquela história e tentou preservá-lo. Conversara com Humberto, sugerira algumas possibilidades e agora pensava que competia à polícia investigar e descobrir o culpado. Sentia-se tranquila, pois fizera sua parte.

Por medida de segurança, o delegado proibira visitas enquanto Paulo José estivesse no hospital. Ele estava melhorando a cada dia e ansioso para receber a visita dos amigos, mas não obteve permissão. Humberto

63

explicara a Renata que, como Dionísio sinalizara a possibilidade de contratar seguranças particulares, o rapaz estaria menos vulnerável em casa.

As horas custavam a passar, e Paulo José estava ficando cada vez mais irritado por ter de permanecer no hospital sem ter com quem conversar. Vendo-o melhor e sabendo que o filho estava a salvo, Eunice passara a dormir em casa e ia todas as manhãs para o hospital render Renata para que a moça pudesse dormir. Dionísio, logo cedo, passava para ver o filho e, em seguida, ia trabalhar.

Renata voltava ao hospital à tarde e fazia companhia ao irmão. Ouvia suas queixas, tentava distraí-lo e levava-lhe revistas e livros para entretê-lo. Paulo José não gostava de ler, então, o rapaz limitava-se a folhear as revistas e fazer alguns comentários sobre as pessoas que conhecia. Renata notava que ele estava ansioso para voltar para casa, rever os amigos e retomar a vida.

A moça tentava conversar, contar coisas alegres ao irmão e atrair a atenção do rapaz para assuntos novos, mas notava que ele estava impaciente e irritado por não poder deixar o hospital. Percebendo a constante inquietação do irmão, ela, intimamente, ligava-se com seu mundo interior e envolvia Paulo José com energias de paz e luz, imaginando que o tempo passaria rápido e que logo ele estaria em casa.

Renata sentia que aqueles momentos de solidão tinham acontecido para que Paulo José pudesse refletir, perceber o perigo que correra, mudar suas atitudes e ocupar-se com coisas que lhe trouxessem mais alegria e equilíbrio. A moça sentia que a felicidade só é possível quando a pessoa assume a responsabilidade pela própria vida, procura ser verdadeira em suas atitudes e, acima de tudo, tem fé em Deus, na vida e em si mesmo.

A alegria alimenta o espírito e é a fonte que abre os caminhos para o melhor e para as portas do progresso, permitindo o envolvimento da luz e da espiritualidade. Mesmo sabendo que Paulo José ainda estava distante desses conceitos, Renata derramava sobre o irmão pensamentos de amor, imaginando que um dia ele aprenderia a valorizar as coisas boas da vida e ficaria muito bem.

Renata sabia que esse é o destino de todos nós e que ninguém fica para trás. Que embora cada um tenha de pagar o preço de suas conquistas, o progresso, leve o tempo que levar, sempre continua, e ninguém se perde. Todos chegam a conquistar a sabedoria. Esse sentimento a consolava, assim como consolava muitas pessoas neste mundo, fazendo a fé na vida, no bem e no futuro ser um farol que iluminava seu caminho e a ensinava a seguir adiante e descobrir o que lhe pertencia por direito divino conforme o projeto de Deus.

Nesse momento, uma luz brilhante e cor-de-rosa saiu do peito de Renata e envolveu Paulo José, que fechou os olhos e adormeceu, enquanto alguns vultos benfazejos o envolviam com luzes coloridas e vibrações de amor.

CAPÍTULO 4

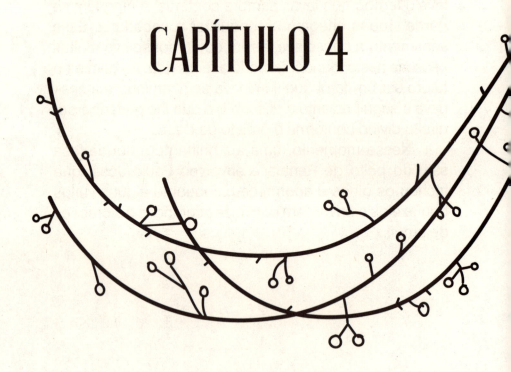

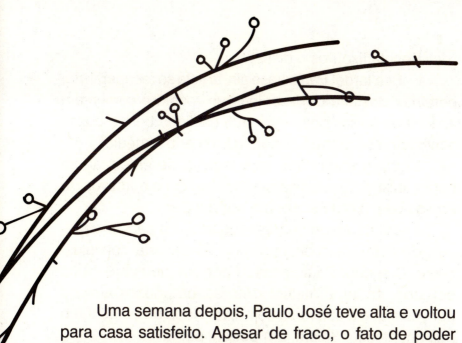

Uma semana depois, Paulo José teve alta e voltou para casa satisfeito. Apesar de fraco, o fato de poder receber os amigos, voltar ao seu mundo com uma auréola de vítima, sabendo que seria recebido como um herói deu-lhe uma agradável sensação de vitória, afinal, gostava de ser o centro das atenções.

Naquela tarde, vários amigos de Paulo José apareceram para visitá-lo, e, depois dos abraços, cada um dos rapazes fez seus relatos de como o caso fora comentado no clube e nas rodas que costumavam frequentar. Além de várias notícias terem sido publicadas nos jornais a respeito do caso, revistas importantes do país fizeram reportagens sobre o fato e várias hipóteses foram levantadas, explicando que a polícia ainda estava investigando o atentado e mantendo em sigilo o que fora apurado.

À tarde, quando Renata entrou no quarto de Paulo José, o rapaz já estava rodeado por alguns amigos. Com alguns exageros, o rapaz relatava todos os sofrimentos pelos quais passara.

Renata fixou-os e disse:

— Boa tarde! Paulo José ainda está se recuperando, portanto, gostaria de fazer-lhes um pedido: comentem apenas as coisas boas para que ele fique bem e possa continuar melhorando. É hora de tomar o remédio!

Dionísio contratara uma técnica de enfermagem para ministrar os medicamentos e fazer os curativos de Paulo José. A mulher abriu a porta e disse:

— Há muita gente neste quarto, e o paciente precisa de calma e descanso, pois ainda está convalescente. O senhor Paulo passou por um momento muito delicado, então, é melhor que receba poucos amigos por vez e que a conversa seja leve. Nada de comentar o que aconteceu. Saiam, um pouco, por favor.

Os amigos de Paulo José obedeceram ao pedido da mulher, que comentou com Renata:

— Hoje cedo, ele estava febril. Acho que foi pela euforia das visitas. O senhor Paulo está se recuperando bem. Amanhã, não poderei vir, porque terei de acompanhar minha mãe em um exame. Já conversei com doutor Dionísio sobre isso, e ele compreendeu a situação. Você poderia ministrar os medicamentos em minha ausência? Está tudo aqui com a receita. Antes de sair, farei o curativo. Não se preocupe com isso. Só terá mesmo de dar os remédios nos horários anotados.

— Claro! Não se preocupe.

Renata olhou a receita com atenção e leu algumas anotações que a técnica em enfermagem fizera. A mulher continuou:

— É simples. Neste momento, além das medicações, o senhor Paulo precisa apenas de um ambiente calmo, boa alimentação e muito descanso. Quanto

68

mais ele dormir, mais rápido se recuperará. É essencial para que o organismo se recupere.

— Pode deixar. Eu tomarei conta dele.

Depois que a técnica em enfermagem saiu, os amigos de Paulo José entraram no quarto novamente, e Renata comentou:

— Vocês ouviram o que ela disse, não é?

Paulo José interveio:

— Não liguem. É o contrário. Estou cansado de ficar sozinho, sem ter com quem conversar. Vocês podem vir quando quiser. Talvez, amanhã, eu já possa me levantar e me sentar um pouco no jardim. Para mim, a presença de vocês é o melhor remédio!

Renata não disse nada, mas intimamente firmou o propósito de ficar atenta para impedir os excessos que o irmão pudesse cometer.

Sentada em um canto do quarto, Renata pensava em como proteger o irmão de outro atentado. Embora Humberto não houvesse comentado com ela sobre suas suspeitas, a moça notara que o delegado também não ficara convencido de que Paulo José tinha sido vítima de uma tentativa de assalto.

Renata sabia que Humberto tinha suas suspeitas e teorias e perguntava-se se deveria contar-lhe sobre a conversa que ouvira na noite da festa. Quanto mais pensava, a moça se convencia de que Paulo José continuava em perigo e que a pessoa que tentara assassiná-lo poderia voltar para terminar o que começara. Era muita coincidência ter ouvido o que a moça dissera e seu irmão ter sido ferido em seguida. Não era só Renata que temia isso.

Naquela mesma tarde, Dionísio foi à sede da Polícia Federal para conversar com um dos diretores, o doutor

Inácio Rezende, chefe do serviço secreto, que fora seu colega de faculdade. Inconformado com o atentado de que o filho fora vítima, Dionísio sabia que, sendo um importante advogado criminalista e tendo enfrentado e enviado alguns criminosos perigosos para a prisão, fizera muitos inimigos e chegara a ser jurado de morte por alguns deles. Devido à sua carreira, ele suspeitava de que o atentado que Paulo José sofrera fora fruto de uma vingança.

Após alguns minutos de espera, Dionísio finalmente foi recebido por Inácio, que ficou feliz e surpreso com a visita do antigo colega de faculdade:

— Dionísio, meu caro! Que honra em reencontrá-lo! O que o traz aqui?

— Inácio, gostaria de lhe fazer uma visita para tratarmos de assuntos mais agradáveis, mas hoje venho aqui como um velho amigo que precisa de sua ajuda. Como deve ter lido nos jornais, meu filho Paulo José sofreu um atentado na frente de nossa casa. Ele foi alvejado por dois tiros, que quase o levaram à morte.

— Sim, eu soube. Não liguei para você, porque estava envolvido em um caso grande e enfrentei dias caóticos aqui na sede. E como está seu filho? Ainda está hospitalizado?

— Não, já está em casa. Ele está bem, se recuperando. Apesar de as balas terem atravessado o corpo dele, não atingiram nenhum órgão vital. Ele apenas perdeu muito sangue.

— E em que posso ajudá-lo, meu amigo?

— Estou preocupado, Inácio. Paulo José escapou dessa vez, mas temo que o bandido tente de novo. Não lhe parece?

— Mas por que você acha que essa pessoa tentaria novamente? Qual é a sua hipótese?

— Paulo José acredita que tenha sido vítima de uma tentativa de assalto, Inácio, mas não estou convencido dessa hipótese. Não levaram dinheiro, relógio, nada. Quando o encontramos desacordado no jardim, tudo estava com ele.

— Sim, não faz sentido que tenha sido uma tentativa de assalto, já que nada foi subtraído dele. Mas volto a lhe perguntar... qual é sua hipótese?

— Meu filho vive rodeado de amigos, é um rapaz alegre, de bem com a vida. Não creio que tenha inimigos. O que me preocupa é que, devido à minha profissão, lido com elementos perigosos, e o último caso em que atuei foi bem difícil. Inclusive, recebi algumas ameaças de morte durante o processo. Isso, contudo, nunca me assustou, afinal, já atuei em vários casos, e esse protocolo de ameaças tem sido parte de minha rotina. Sei me proteger, mas não imaginei que meu filho pudesse ser atingido.

— Acha que o que ocorreu tenha ligação com você?

— Só pode ter sido uma vingança contra mim, Inácio. Alguém pode estar querendo me atingir por meio de minha família. Paulo José leva muito bem a vida, não se envolve em confusão.

— Uma ameaça de morte não deve ser ignorada, Dionísio. Essas pessoas são perigosas. Não as subestime. Por que não procurou a polícia?

— Essa não foi a primeira vez que fui ameaçado de morte por causa do meu trabalho. Lugar de bandido é na cadeia, e eu tenho me dedicado durante todos esses anos a fazer isso acontecer, mas também tenho pensado que o crime pode ter tido outra motivação.

— Além da hipótese de vingança, você tem outra suspeita?

— Sim, tenho. Há alguns dias, uma mulher ligou para minha casa querendo falar com Paulo José, mas ele não quis atendê-la. Ela insistiu, e Margarida conversou com a moça. Ela não deu o nome, mas fez algumas ameaças contra Paulo José e desligou o telefone. Quando Eunice comentou o caso comigo, não o levei muito a sério. Meu filho é namorador, circula com muitas mulheres, mas nunca assumiu nada com nenhuma delas. Achei que fosse só alguma moça magoada por ele não a ter procurado mais. Não sei...

— Fez mal, Dionísio. Uma mulher apaixonada é capaz de tudo!

— Meu filho não está apaixonado por ninguém, Inácio. O que ele quer é aproveitar a vida, viver bem. Ele nem tem namorada. Citei esse episódio, porque acredito que, neste momento, tudo deve ser levado em conta. Ainda acho, contudo, que o atentado está relacionado ao meu trabalho. O caso que ganhei há duas semanas foi sério. Consegui levantar provas importantes contra o salafrário, que acabou sendo condenado. Ele está preso e não conseguirá livrar-se da cadeia.

— Acredita que o atentado tenha sido motivado por essa condenação?

— Estou certo disso.

— Poderia me fornecer os dados desse caso? Gostaria de estudar esse processo o quanto antes.

— Está bem. O processo é volumoso. Farei um resumo completo, detalhado e mandarei o mais breve possível.

— Você sabe que não atuo nessa seara, meu amigo, mas farei o possível para ajudá-lo. Distanciado emocionalmente da situação, talvez eu enxergue algumas nuances que você, como pai da vítima, não esteja enxergando.

— Muito obrigado, Inácio. Vim lhe pedir ajuda, justamente por isso.

— Fique tranquilo. Nós encontraremos quem fez isso com seu filho.

Depois que Dionísio se foi, Inácio chamou um de seus auxiliares. Marcos entrou na sala, sentou-se diante da mesa e esperou.

Moreno, alto, ombros largos, cabelos castanhos ligeiramente ondulados, que ele não conseguia manter no lugar, Marcos tinha 28 anos e trabalhava para Inácio em casos especiais.

Em poucas palavras, Inácio resumiu a conversa que tivera com Dionísio e finalizou:

— Está interessado em me ajudar nesse caso?

— Sempre, doutor Inácio! O senhor sabe que gosto de manter a cabeça funcionando!

Inácio relatou a Marcos o que sabia sobre o caso de Paulo José e a conversa que tivera com Dionísio.

— Ele está seguro do que disse. O que acha?

— Sinto que é preciso investigar mais a vida desse rapaz e verificar se ele é mesmo como o pai pensa. Se quisermos evitar um novo atentado, teremos de agir depressa.

Marcos formara-se em jornalismo e interessava-se pela justiça. Como não encontrara emprego na área, prestara um concurso público de nível médio para trabalhar na Polícia Federal em um cargo administrativo. Com a convivência com o rapaz, Inácio percebera que

Marcos era dotado de uma profunda inteligência e perspicácia e acabou criando o hábito de discutir alguns casos complexos com ele, e, assim, o rapaz passou, nas horas vagas, a ser uma espécie de apoio para Inácio. Fazia isso por prazer e para manter vivo o faro investigativo de jornalista. Além disso, era espiritualista como ele.

— Tem razão. Gostaria mesmo de nos ajudar com esse caso?

Marcos fechou os olhos, ficou em silêncio durante alguns segundos e depois disse:

— Sim, doutor Inácio! Como lhe disse algumas vezes, ter a oportunidade de participar dos bastidores de casos como esses mantém minha mente funcionando. Apesar de não estar trabalhando em minha área no momento, não deixei de ser jornalista. Gosto de ir atrás de boas histórias e de, sobretudo, desvendá-las.

— Por isso, estou lhe fazendo mais uma vez esse convite.

— Para mim, é um prazer ajudá-lo. Bem! Mas vamos ao caso! Preciso conhecer todos os detalhes, inclusive o nome e o endereço de todos os envolvidos. Hoje mesmo iniciarei a análise do caso e lhe darei uma resposta. Meu personagem vai começar a trabalhar!

Inácio riu e comentou:

— O que ele vai fazer desta vez?

— Conhecer os envolvidos de perto. Esse é o primeiro passo. Temos pressa, portanto, vou começar já. Dê-me o nome e endereço das pessoas dessa família e de todos os envolvidos no caso.

Inácio relatou a Marcos toda a conversa que tivera com Dionísio e entregou-lhe todas as anotações que fizera.

— Ainda não tenho muitas informações sobre o caso. Neste momento, só disponho desses dados que Dionísio me passou. Tenho aqui no escritório alguns jornais das últimas semanas. Dê uma olhada nas notícias que foram publicadas sobre o atentado. Como Dionísio é um advogado importante e bastante conhecido, a história toda foi largamente noticiada.

No fim do expediente, Marcos saiu levando uma pequena pilha de jornais e alguns nomes anotados. O rapaz, então, foi para seu apartamento e iniciou a investigação.

Ao analisar as notícias que foram publicadas sobre o caso nos jornais e as anotações que Inácio fizera ao longo da conversa com Dionísio, o modo como Paulo José lidava com as amizades chamou a atenção de Marcos. Aparentemente, ele era um rapaz muito popular entre os amigos, que sempre lhe faziam todas as vontades.

Nenhum desses rapazes trabalhava, mas todos desfrutavam de um alto padrão de vida e andavam sempre na moda. Segundo o relato de Dionísio a Inácio, os amigos mais chegados de Paulo José eram cinco: Júlio tinha 25 anos; Oscar, 21, cujas famílias eram da alta sociedade; Horácio tinha 20 anos; João, 21, e Nelson, 24.

Os dois primeiros eram muito ricos, contudo, os demais não tinham recursos financeiros para manter o alto padrão de vida que levavam. O mais provável era que Paulo José os sustentasse, e talvez por esse motivo eles sempre estivessem às voltas, fazendo-lhe todas as vontades.

Fixando o material que tinha diante de si, Marcos tentou ir mais fundo na análise dessas pessoas. Além da experiência que possuía por ter auxiliado Inácio em diversos casos difíceis, era espiritualista, médium e ligado a espíritos amigos que o inspiravam e protegiam. Espíritos de luz que falavam sobre o progresso do mundo, anunciando que uma nova consciência já começara a ser implantada na Terra, trazendo mais conhecimento em todas as áreas da sociedade para quem estivesse pronto e interessado em aprender coisas novas. E justamente por essa razão, Marcos sempre se oferecia para ajudar Inácio. Queria aprender e colocar sua inteligência a serviço da justiça, algo em que acreditava profundamente, e, sobretudo, entender como o destino de pessoas se conectam, como histórias se cruzam e por que algumas sucumbem à violência ou são vítimas dela.

Como médium e espiritualista, Marcos aprendera que a vida tem leis funcionais que mantêm o equilíbrio das forças do universo, disciplinam a evolução de tudo e de todos e que tudo evolui sempre para o melhor. Que cada indivíduo é um ser especial, único e tem seu próprio caminho e que, embora existam semelhanças entre as pessoas, não existem duas pessoas iguais. Cada espírito é livre para escolher como quer viver, mas colhe o resultado de suas escolhas. Quem tem cabeça boa consegue viver melhor, obter tudo o que deseja nesta nova encarnação, e, assim, vai aprendendo como a vida funciona. Enquanto as ilusões trazem sofrimento, a verdade liberta e ensina. Essa é a trajetória de cada espírito na conquista do próprio desenvolvimento.

Desde a adolescência, Marcos travara relações com espíritos que o protegiam e ensinavam o que ele precisava conhecer sobre sua sensibilidade a fim de manter o equilíbrio, mesmo estando no mundo sob a influência das energias negativas de espíritos menos evoluídos.

Os espíritos elevados ensinavam-no como as coisas são e afirmavam que, apesar das dificuldades e das aparentes injustiças do mundo, a vida sempre faz tudo certo. Marcos ficara muito emocionado quando eles lhe mostraram que os corpos que o espírito vestia para se manifestar, tanto no mundo astral como para reencarnar na Terra, foram criados por meio de alta tecnologia pelos mestres superiores, fazendo com que cada um, estivesse onde estivesse, pudesse desenvolver seus potenciais, evoluir e defender-se das energias negativas.

À medida que o espírito evolui, desenvolve conhecimento, ao mesmo tempo que seu corpo se desenvolve conforme a necessidade, auxiliando o espírito a perceber como a vida funciona, para que possa realizar seus projetos no mundo com sucesso.

Encantado com o que aprendera, Marcos estudou as leis da vida, praticou cada uma delas e descobriu que, mesmo tendo funções diferentes, elas se complementam de tal sorte que os resultados somados trazem conhecimento, equilíbrio, bem-estar e uma confortável sensação de segurança às pessoas.

Após ler mais uma vez os recortes de jornal e as anotações de Inácio, Marcos sentou-se e começou a pensar no personagem que assumiria para aquela investigação.

No dia seguinte, assim que Inácio chegou ao trabalho, Marcos bateu à sua porta. Vendo o rapaz entrar, o homem levantou-se para abraçá-lo e disse alegre:

— Então? Animado com o caso?

— Sim, muito!

— Ótimo! Fico feliz de contar com seu auxílio novamente. Vamos ver se conseguiremos ajudar Dionísio a avançar no caso. Como deve ter lido em minhas anotações, o depoimento de Paulo José não me convenceu, assim como não convenceu o pai. Ficou claro que ele não disse a verdade. Talvez esteja encobrindo algum amigo.

Marcos pensou um pouco e depois disse:

— Senti a mesma coisa. Estou criando um personagem, doutor Inácio. Ele será um elegante advogado, autor de livros jurídicos publicados no exterior.

— Como vai conseguir isso? Não vai ser fácil!

Marcos sorriu, e seus olhos tinham um brilho malicioso quando respondeu:

— Tenho tudo planejado.

— Quando pretende começar?

— Logo.

— Penso que seu plano funcionaria melhor se você não se apresentasse como uma pessoa "famosa", mas como uma pessoa comum. O que acha?

— Pois eu penso exatamente o contrário. Pretendo despertar a curiosidade e até certo receio neles. Quero incomodá-los. Acredito que estão encobrindo a verdade sobre o atentado e que Paulo José mentiu para o delegado. Sinto que há alguma coisa muito séria por trás disso tudo e descobrirei que coisa é essa. A chave pode estar aí.

— Tudo é possível... Dionísio é um homem inteligente e astuto. Não entendo por que ele permite que o filho mantenha amizade com rapazes de outro nível e que aparentemente não são confiáveis.

Marcos pensou um pouco e depois respondeu:

— Estou certo de que ele sabe o que está fazendo. Conheço a trajetória do doutor Dionísio como criminalista e sei que se trata de um homem sério, inteligente e lúcido. Penso que ela confia muito no filho, mas entende que não pode interferir tanto na vida dele. Talvez por isso, não se oponha às amizades de Paulo José.

— Tem razão.

Marcos levantou-se e estendeu a mão a Inácio.

— Preciso ir, doutor Inácio, pois meu trabalho aqui me espera. Nos momentos em que estiver ocioso no expediente, farei mais algumas anotações e trabalharei no meu personagem. Vou mantê-lo informado.

— Faça isso. Se precisar de alguma coisa, me avise.

Depois de um aperto de mão, Marcos despediu-se e voltou para sua mesa. Durante o horário de almoço, foi imaginando como seria seu novo personagem, e seus olhos brilhavam alegres. Ele gostava muito do que fazia. Poder impedir que a maldade se manifestasse era uma forma de fazer o mundo tornar-se melhor.

À noite, já em seu apartamento, Marcos abriu o armário e separou algumas peças de roupas. Sentia-se feliz em usar sua criatividade em favor de alguma coisa boa.

Como morava sozinho e era funcionário público federal, Marcos tinha uma vida confortável. Além disso, uma tia querida, que em vida o tratara como filho, lhe deixara uma herança de valor considerável, que ele mantinha em uma caderneta de poupança. Apesar de seus 28 anos, Marcos ainda não se casara, pois não encontrara uma moça que lhe arrebatasse o coração. Dedicava-se, então, ao trabalho, a ajudar Inácio em seus casos complexos e a estudar a espiritualidade.

Solteiro e gozando de uma vida financeira sem grandes sobressaltos, Marcos presenteava-se de vez em quando com alguns luxos, como sair para jantar em bons restaurantes. Nessas ocasiões, sempre se apresentava de forma elegante e bem-vestido, e naquela noite não foi diferente. Como era uma sexta-feira, decidiu que sairia para jantar e procurou uma cantina italiana no bairro Jardins. Passava das oito, e o lugar estava lotado. O garçom apressou-se a atendê-lo com prazer. Era um local aonde ele costumava ir, e o dono sempre fazia questão de cumprimentá-lo.

Marcos acomodou-se a uma mesa e pouco depois teve uma surpresa: duas moças entraram no restaurante e sentaram-se a uma mesa ao lado, onde era possível ver um cartão de reservado. Nele estava escrito Renata Albuquerque. Ao ler aquele nome e olhar para a moça, logo se lembrou de um dos recortes dos jornais que tivera nas mãos e que tratava do atentado que Paulo José sofrera. Em um deles, havia uma foto da moça ao lado do irmão, do pai e da mãe.

Marcos fixou-a, impressionado com a beleza da moça. De repente, os olhos dos dois se encontraram, e ele pensou: "É... a foto no jornal não faz jus à beleza dessa moça".

No decorrer do jantar, Renata sentiu que os olhos de Marcos a estavam fixando. Mesmo sem olhar para o rapaz, sentia a presença dele.

Quando terminaram de jantar e levantaram-se para sair, novamente os olhos de Renata e Marcos se encontraram, e, sem querer, a moça sorriu timidamente, deixando em seguida o restaurante. Ele ficou se perguntando: "Por que exatamente agora, no momento em que estou debruçado no caso que envolve a família dessa moça, nós nos encontramos? O que isso significa?". Marcos sentiu que poderia ser um recado da vida, sinalizando que ele deveria começar por aí: por Renata Albuquerque.

CAPÍTULO 5

Uma semana após aquele curioso encontro com Renata Albuquerque, Marcos foi a um badalado clube do Rio de Janeiro para um jantar dançante. O salão estava lotado quando ele entrou, e o gerente o acompanhou até uma mesa. Como bom observador, o rapaz correu os olhos pelo ambiente, detendo-se em todos os detalhes e estudando os frequentadores do clube.

Marcos fixou sua atenção na mesa ao lado, onde duas moças conversavam. Seus olhos se encontraram com os de Renata, e Isabel, a amiga da moça, perguntou:

— Você conhece esse moço? Sua fisionomia mudou quando ele a olhou.

— Eu o achei parecido com um amigo de meu irmão, mas me enganei.

Um rapaz aproximou-se e convidou Isabel para dançar. Renata levantou-se, foi ao toalete, passou perto de Marcos, e, novamente, seus olhos se encontraram. Ele sentiu o perfume delicado que ela emanava e continuou olhando-a até que desaparecesse entre as mesas.

Renata sentou-se, e, pouco depois, Marcos aproximou-se da moça e comentou:

— Eu daria um prêmio a quem me dissesse o que está pensando!

Renata sorriu e respondeu:

— Estava tentando descobrir de onde nos conhecemos?

— Talvez seja de outras vidas.

Os olhos de Renata brilharam quando respondeu:

— Você me parece familiar. Se nunca nos encontramos nesta vida, só pode ter sido na anterior.

Marcos sorriu alegre e a convidou:

— Vamos dançar?

Renata levantou-se, e Marcos segurou a mão da moça, enlaçou-a pela cintura e conduziu-a à pista de dança. Começaram a dançar, enquanto a orquestra tocava um *blues*. Os dois tinham a sensação de que os pés não tocavam o chão. Marcos esqueceu-se de que estava realizando um trabalho, e ela queria que a música nunca acabasse.

Com o rosto corado e os olhos brilhando, Marcos não resistiu e aconchegou-a ainda mais entre os braços, e Renata, apesar de tímida e sempre tão avessa a investidas mais ousadas de rapazes, deixou-se ficar. Algo de sublime os envolvia naquele encontro — ou seria um reencontro? Quando a música parou, ele conduziu Renata à mesa onde antes ela estava sentada.

A moça sentou-se numa cadeira, e o rapaz puxou outra para perto de si e perguntou:

— Você está esperando alguém?

— Não. Vim acompanhar Isabel, mas gosto de frequentar o clube para ouvir música.

— Você dança muito bem.

84

Renata fixou-o, sorriu levemente e respondeu:

— No clube, é difícil encontrar um parceiro que goste de dançar como eu. Entrar em sintonia com a música e sentir as emoções que ela desperta na alma harmonizam o espírito. É algo que me dá um prazer muito grande. Infelizmente, os parceiros que aparecem por aqui, em vez de sentirem, aproveitarem o momento, preferem conversar, me cortejar durante a dança, e o encanto vai embora.

A música começou novamente, e Marcos pediu:

— Vamos dançar, então! Gostaria de experimentar, sentir o prazer que a música pode nos proporcionar.

Renata levantou-se, e, a partir daquele instante, não pararam mais de dançar. Marcos gostou de sentir o efeito que cada música provocava nele, e, ao fim de certo tempo, os dois já trocavam ideias sobre seus sentimentos.

O tempo passou rápido, e Marcos prometeu levá-la para casa. Renata, então, pediu ao motorista que levasse Isabel à casa dela e o dispensou de buscá-la. Já amanhecia quando deixaram o clube.

Quando Marcos estacionou o carro diante da casa, ela sinalizou para o segurança, autorizando-o a abrir o portão. Depois de entrarem na propriedade, Renata encarou Marcos, estendeu-lhe a mão e disse:

— Essa foi uma noite especial. Obrigada pela companhia, Marcos.

— Você me ensinou a sentir as energias da música. Que outras coisas boas ainda nós vamos descobrir juntos?

Os olhos de Renata brilharam, seus lábios entreabriram-se em um sorriso quando disse:

— Essa noite foi diferente! Há uma magia no ar. Não sentiu isso?

Marcos não resistiu, abraçou-a e beijou-a demoradamente até que ela reagiu, afastou-se e disse séria:

— É tarde! Preciso entrar.

Marcos segurou a mão de Renata, levou-a delicadamente aos lábios, e a voz do rapaz estava suave quando disse:

— Durma com os anjos.

Enquanto a moça subia as escadas, pensando na magia daquela noite, Marcos, que se programara para trabalhar no caso do atentado de Paulo José, esqueceu-se de tudo mais, fascinado pela beleza e pelo brilho de Renata. Ele aguardou a moça entrar na casa, deu a volta no jardim e saiu, com os pensamentos mergulhados naquela noite inesquecível.

Na tarde seguinte, quando o telefone tocou, Renata sentiu que era Marcos. O coração da moça disparou, e ela esperou alguns segundos até atender à ligação. Tentando controlar a emoção, tirou, finalmente, o telefone do gancho:

— Como vai, Renata?

— Estou muito bem, e você?

— Pensei em você o tempo todo. Sinto que temos muitas coisas em comum e que precisamos nos conhecer melhor. Quer jantar comigo esta noite?

— Claro que sim. A que horas virá me buscar?

— Por mim, eu gostaria de ir agora.

— Pode vir depois das sete. Estarei o esperando.

— Estou com saudades! Ainda sinto sua presença e as emoções da noite passada.

Renata ficou pensativa durante alguns segundos e depois disse emocionada:

— Sinto que a vida nos uniu novamente por algum motivo e deve ter suas razões.

Marcos sentiu um arrepio lhe percorrer o corpo e disse emocionado:

— A vida sempre sabe o que faz!

ৡৡৡ

Pouco antes das sete, Marcos chegou à casa de Renata. O segurança abriu o portão da propriedade, e ele entrou. Dionísio, que estava na sala de estar, olhou pela janela e, vendo o carro do rapaz estacionado, abriu a porta, convidando-o a entrar.

Depois dos cumprimentos, Dionísio comentou:

— Então, o rapaz que minha filha conheceu no clube é você?! Não estou entendendo muito bem o que está acontecendo aqui. Isso tudo tem a ver com a investigação? Inácio não comentou nada comigo sobre você se aproximar de Renata para obter informações.

— Não, doutor Dionísio. Não tem a ver com as investigações. Conheci Renata no clube, dançamos e ficamos amigos, mas ela não sabe que estou trabalhando no caso. Gostaria, inclusive, de lhe pedir permissão para continuar a vê-la, caso seja o desejo de Renata.

— Bem, meu rapaz, não sei como essas histórias se cruzaram, mas como confio muito no julgamento de Inácio sobre você, permitirei que continue a vê-la, se ela assim o desejar. Amo minha filha e só quero vê-la feliz. Ela me falou muito bem sobre um rapaz que conhecera no clube, mas não sabia que era você! Enfim, tente, no entanto, não misturar as coisas. Não quero que ela se envolva com o caso, pois pode ser perigoso. Sinto que os que estão por trás do atentado são criminosos da pior espécie. Acredito fortemente na hipótese de que eles desejam vingar-se de mim, e é melhor deixá-la fora disso.

— Não se preocupe, doutor Dionísio. Minhas intenções com sua filha são as melhores possíveis, e nossos assuntos não têm a ver com o trabalho que estou realizando. Fique tranquilo.

— Juízo! E tem alguma notícia sobre o atentado?

— Ainda não. Estou investigando os amigos de Paulo José para conhecer a vida de cada um.

Sem notar que Dionísio e Marcos já se conheciam, Renata desceu as escadas sorridente ao ver o pai e o pretendente conversando na sala. Marcos levantou-se para cumprimentá-la, e a moça retribuiu-lhe o gesto. Depois, a moça deu um beijo no rosto do pai e despediu-se.

Após se despedirem de Dionísio, os dois saíram. O patriarca notou que os olhos de Marcos brilharam quando Renata surgiu linda dentro de um vestido verde-escuro, que realçava o tom claro de sua pele. Pensativo, Dionísio ficou olhando pela janela até que o carro desaparecesse na curva da rua. Apesar de o rapaz e Renata não pertencerem à mesma classe social, o patriarca sentia que se tratava de um bom rapaz e só desejava que, caso aquele namorico seguisse adiante, que Marcos a fizesse feliz.

❧

— Aonde estamos indo? — indagou Renata sorrindo.

— Você escolhe. O que gostaria de fazer?

Renata pensou um pouco e depois disse:

— A algum lugar sossegado, onde possamos conversar.

— Conheço um restaurante muito agradável, cheio flores e obras de arte, onde servem alguns pratos especiais. Além disso, há também músicos que sabem escolher as canções que tocam a alma!

— Gostaria de conhecer esse lugar — decidiu-se a moça.

Assim que entraram no restaurante, uma senhora muito elegante recebeu-os e conduziu-os até a mesa. O salão era muito bem decorado, com flores naturais e objetos de bom gosto. Garçons muito elegantes serviam as mesas e, embora ainda fosse muito cedo, muitas delas já estavam reservadas. Renata gostou do que viu.

Os dois acomodaram-se, e a conversa fluiu agradável. Renata adorava quando Marcos, num gesto delicado, beijava sua mão e muito mais quando os lábios do casal se uniam. Um prazer indescritível a envolvia, e ela desejava que esse beijo nunca acabasse.

A partir daquela noite, aquele restaurante tornara-se especial para o casal. Sempre que Marcos convidava Renata para sair, iam ao romântico e onírico Sunshine.

Alguns dias se passaram, e Marcos continuava debruçado sobre o caso que Inácio lhe apresentara. Agora, que estava envolvido com Renata, irmã de Paulo José, sentia uma necessidade ainda maior de solucionar o mistério em torno do atentado contra o rapaz. Marcos estava pesquisando a rotina e o estilo de vida de todos os amigos de Paulo José, que, embora ainda estivesse sob cuidados médicos, havia se recuperado bem.

Algo, no entanto, começara a incomodar Marcos: o fato de trabalhar no caso do atentado e não contar a Renata. A cada dia, o rapaz sentia-se mais apaixonado por ela e já pensava até em pedi-la em casamento. Com 28 anos de idade, Marcos questionava-se o porquê de arrastar um namoro por meses ou anos a fio, quando, intimamente, sentia que Renata era o grande amor de sua vida. Mas como falaria do futuro de ambos sem lhe contar a verdade?

Renata era uma mulher muito verdadeira, e os dois não poderiam se casar sem que ele lhe contasse a verdade. Pensou um pouco e achou melhor dedicar-se mais ao caso, tentar resolvê-lo o mais rápido possível, para, assim, poder pedi-la em casamento.

Marcos fizera um dossiê sobre Paulo José e seus amigos, no qual anotara tudo o que sabia sobre cada um. Para começar, imaginou seu personagem como um advogado rico, influente, que estava passando férias na cidade.

Durante todo o dia, Marcos trabalhou no seu plano para conseguir se inserir no grupo de amigos de Paulo José. Para obter mais informações, precisaria se tornar um deles. Mas como fazer isso sem que eles e Renata descobrissem? Teria de contar com a sorte e torcer para que ninguém comentasse sobre ele para a moça.

O rapaz compôs um personagem jocoso, muito a gosto do grupo de Paulo José. Além de praticar uma boa ação, ajudando Inácio, Marcos divertia-se vivendo esses personagens. Como tinha pressa, saiu para comprar algumas coisas de que precisava.

Ansioso, o rapaz resolveu começar a agir naquela mesma noite. Ligou para Renata e avisou que precisaria se ausentar durante dois ou três dias devido ao trabalho.

Em seguida, providenciou tudo de que precisava para seu intento, e, como era seu costume, acomodou-se no sofá, fechou os olhos, concentrou-se e ouviu:

"Estou a par do caso. Vim para ajudá-lo."

— Criei um personagem e espero suas sugestões.

"Se prepare um pouco mais. Esses rapazes são perigosos, Marcos. Sugiro que os acompanhe um pouco mais antes de começar a atuar diretamente. Todos eles são desonestos, maldosos e capazes de fazer qualquer coisa para obterem o que desejam."

— Obrigado, Marcos Vinícius. Ficarei atento.

"Eu e meus companheiros estaremos por perto."

Marcos agradeceu a ajuda do mentor e decidiu começar a agir.

Orientado pela espiritualidade, o rapaz compreendeu que precisava circular um pouco mais na sociedade para poder observar melhor os amigos de Paulo José. Ele pensou um pouco e ligou novamente para Renata. Depois dos cumprimentos, disse alegre:

— Vamos ao clube no sábado à noite?

— Você não ia viajar? — a moça indagou com espanto.

— Adiaram a viagem por ora, então, estarei livre nos próximos dias. Queria muito dançar com você e sentir o que a energia da música provoca em mim! Quer jantar comigo?

— Aceito. Pode vir me pegar às oito. Estarei esperando-o.

Depois que desligou o telefone, Renata sentou-se no sofá e, pensando em Marcos, sentiu o quanto estava apaixonada pelo rapaz. Recordava-se com prazer dos beijos que haviam trocado, das emoções que ele despertava nela, e em seu íntimo sentia uma profunda vontade de ficar junto dele para sempre. Alegre pelo encontro de logo mais à noite, Renata recostou-se no sofá, fechou os olhos e logo adormeceu.

Ao deixar o corpo, a moça viu Norma, abraçou-a com carinho e disse alegre:

— Que bom vê-la!

— Olívia me avisou que você estava com vontade de nos ver.

— É verdade. Estava me sentindo inquieta. Preciso ver Olavo.

— Ele ainda está em tratamento intensivo. Não seria bom visitá-lo agora. Jules ainda não autorizou sua visita.

Renata reagiu:

— Por quê? Eu preciso vê-lo, Norma! Pedir perdão pelas coisas que lhe fiz. Até quando carregarei essa mágoa no coração?

— Tudo tem sua hora, Renata. No momento, ainda é impossível. Acalme-se.

— Eu quero vê-lo, nem que seja de longe! Fazer alguma coisa para minorar essa situação! Prometo me conter e só fazer o que for permitido!

— Calma! Tenha paciência. Tudo isso será possível, mas na hora certa. Não devemos fazer coisas por impulso. Há momentos em que é preciso agir de forma correta para conseguirmos o que desejamos. Acredite no melhor, aceite seus limites e espere com paciência o momento certo.

— O tempo custa a passar!

— No momento, você tem outros compromissos. Acalme seu coração. Confie na vida! Se você absorver as energias negativas do mundo, não terá condições de conseguir todo o bem que veio buscar agora. Depois de tanto tempo, a vida os reuniu, e você precisa deixar o passado ir embora!

— Eu quero me redimir de meus erros passados, me tornar uma pessoa melhor! — Renata insistiu.

— Você agiu conforme acreditava na época. Por que se culpa dessa forma? O tempo passou, tudo mudou, vocês evoluíram, aprenderam coisas novas, desenvolveram a sensibilidade e hoje serão capazes de fazer grandes coisas! Esqueça o passado e acredite no futuro, Renata! A vida só faz o melhor! Lembre-se de que a conquista do bem está em suas mãos.

Renata baixou a cabeça pensativa, suspirou triste e respondeu:

— Tem razão! Vou me esforçar para esquecer!

— Lembre-se de que os erros ensinam mais do que os acertos!

— Obrigada por ter me lembrado disso! Norma... vim lhe pedir permissão para ir até Campos da Paz rever os amigos, sentir as energias de renovação e paz que há lá. Gostaria também de conversar com Jules sobre o caso de meu irmão.

— Vou analisar seu pedido e lhe respondo.

Naquele momento, Norma atravessou a janela. Ao lado dela, vinha uma moça alta, loura, de pele clara, olhos vivos, e Renata fixou-a admirada. Os olhos das duas moças encontraram-se, e a recém-chegada sustentou o olhar e sorriu levemente. Norma tornou:

— Desejo que conheça Matilde. Ela está trabalhando conosco faz pouco tempo. Veio de outra comunidade.

— Jules a estima muito! Estou feliz por conhecê-la.

Matilde olhou para Norma e informou:

— Temos de atender um caso agora! É urgente.

Renata segurou a mão de Norma e pediu:

— Preciso ir a Campos da Paz para falar com Jules sobre meu irmão. Sinto que ele precisa de ajuda.

— Darei seu recado.

Depois de abraçá-la, Norma auxiliou Renata a retornar ao corpo físico. A moça, então, acomodou-se e continuou dormindo. Norma e Matilde olharam em volta e, ao se certificarem de que tudo estava calmo, saíram pela janela volitando, elevaram-se e em poucos segundos desapareceram no infinito.

CAPÍTULO 6

Diante do espelho, Marcos sorriu. Estava completamente diferente do que era. Quem o visse logo imaginaria que se tratava de um homem muito rico. Criara um personagem bem-humorado, daqueles que contam piadas picantes sobre pessoas importantes, muito a gosto dos amigos de Paulo José. Um jovem rico, que desejava apenas usufruir de tudo o que o dinheiro pudesse lhe oferecer. Além disso, estava munido de algumas frases de efeito, provocantes, alinhadas aos pensamentos fúteis dos rapazes.

Marcos passara dias imaginando o que faria para aproximar-se dos amigos de Paulo José, ganhar-lhes a confiança e fazê-los o admirarem de tal forma que acabassem por convidá-lo para fazer parte do grupo.

Orientado pela espiritualidade, o rapaz decidiu por seu plano para funcionar naquela noite mesmo. Era uma sexta-feira, e Marcos tinha a noite livre. Combinara de sair com Renata no sábado, porque a moça iria acompanhar a mãe a um jantar na sexta. Às sextas-feiras, Paulo José gostava de reunir os amigos no clube e de ser paparicado pelas moças, que disputavam a companhia deles.

Passava das nove da noite quando Marcos, vestindo o personagem, entrou no clube. Ele reservara uma mesa e combinara com um amigo, que trabalhava como repórter, de, mais tarde, quando o clube estivesse no auge, o abordar fingindo estar fazendo uma entrevista com ele, chamando a atenção de todos, como se Marcos fosse uma figura famosa. Criariam uma cena e esperavam que o grupo de Paulo José caísse na armadilha.

Marcos entrou, foi conduzido para sua mesa e, imediatamente, sentou-se com naturalidade. Ele notou que o grupo de Paulo José ocupava duas mesas próximas à sua e conversava com algumas moças com animação.

Observando discretamente o grupo, Marcos sentiu que despertara a atenção dos amigos de Paulo José, afinal, nesses ambientes, todos praticamente se conheciam e qualquer elemento novo despertava curiosidade. Seria um novo rico? Seria alguém de fora? O garçom aproximou-se, e Marcos pegou nas mãos a carta de vinhos e fez o pedido. Notou que Paulo José e mais dois dos seus amigos o fixavam com curiosidade.

Meia hora depois, quando o repórter chegou acompanhado de um fotógrafo para entrevistá-lo, o grupo de Paulo José fixou-o curioso e ansioso para descobrir quem era aquela personalidade que rendia matéria.

Durante algum tempo, Marcos conversou com o jornalista e, após se deixar fotografar em ângulos diversos, deu por encerrada a entrevista.

Marcos notou que Oscar, um dos rapazes do grupo de amigos de Paulo José, saíra atrás do repórter. Sem rodeios, o rapaz perguntou:

— Quem é aquele homem que você entrevistou?

— É um advogado importante, muito conhecido. Esse homem tem trabalhado em umas causas impossíveis e ganhou fama por isso.

— Um advogado famoso? Nossa!

— Sim, e com livros publicados no exterior. Chama-se Marcos.

— Estou curioso. Nunca ouvi falar dele!

— Não?! Está precisando se informar um pouco mais, hein? Ler uns jornais...

— Como assim?

— Bem, preciso ir. Preciso organizar a entrevista, escrever a matéria e passar para o editor.

— Onde será publicada a entrevista?

— Tchau, tchau. Preciso ir!

Indeciso, Oscar meneou a cabeça, despediu-se e foi ter com os amigos. Como era um homem vaidoso, Oscar não admitia não saber das coisas. Se o repórter dizia que o tal Marcos se tratava de alguém importante, então, deveria ser. Posava de grande sábio, de uma figura antenada e não gostava de ficar por baixo.

Oscar voltou à mesa onde estava o grupo e sentou-se, enquanto os demais o fixaram curiosos:

— E então? — indagou Júlio.

Ele repetiu o que ouvira e continuou:

— Ele está sozinho. Vou convidá-lo a tomar um vinho conosco.

— Faça isso. Traga-o para nossa mesa — concordou Júlio.

Oscar aproximou-se de Marcos, entregou-lhe um cartão e disse:

— Encontrá-lo aqui esta noite foi uma surpresa muito agradável! Nós temos acompanhado seu sucesso e desejamos conhecê-lo melhor. Um advogado de sua estirpe aceitaria tomar um vinho conosco?

Marcos fixou-o e respondeu:

— Obrigado pelo convite, porém, prefiro ficar sozinho no momento.

— Por quê? Está esperando alguém?

— Não. Apenas gosto de estar no meio das pessoas, observá-las, aprender a lidar com elas... Já reparou como em sociedade as pessoas gostam de criar personagens e de se mostrarem diferentes do que realmente são?

— É verdade. Sei que é um importante advogado criminalista, experiente, que escreveu livros de sucesso, deve saber muito bem traçar perfis psicológicos e certamente teria muitas coisas interessantes para nos contar! Venha sentar-se conosco!

Marcos pensou um pouco, meneou a cabeça, sorriu e disse:

— Está bem. Já que insiste, aceito.

Quando Marcos se levantou, os amigos, satisfeitos, colocaram mais uma cadeira próxima à mesa. Oscar apresentou-o, e a conversa fluiu agradável e mais interessante do que eles imaginavam.

Incitado por eles, Marcos, com facilidade, contou casos, cujos resultados foram pitorescos, levando-os ao riso, mantendo uma conversa maliciosa, muito a gosto dos ouvintes, que batiam palmas com prazer. Inebriados, os rapazes desejaram incluí-lo no grupo, o que significava que a primeira parte de seu plano havia dado certo.

A cada dia, Marcos sentia-se ainda mais apaixonado pela moça, e a ideia de pedi-la em casamento continuava a passar por sua cabeça. O que Renata faria quando soubesse que ele estava investigando os amigos de Paulo José? Será que ela pensaria que o rapaz só havia se aproximado dela para obter informações? Sentia que estava na hora de falar com a namorada sobre o assunto.

Nas conversas que Marcos mantinha com Dionísio, o pai de Renata sustentava a tese de que a causa do atentado contra Paulo José fora motivada por vingança e que provavelmente o criminoso era perigoso. Dionísio era um importante criminalista, já mandara muitos homens para a cadeia, e nada o demovia da ideia de que o filho fora vítima de uma vingança.

Durante uma dessas conversas com Dionísio, Marcos pensou um pouco e considerou:

— Doutor, esse caso me parece ser diferente dos demais. Quando alguém deseja vingar-se por ter sido prejudicado, geralmente se vinga do responsável pelo prejuízo. Eu me pergunto: por que em vez de acabar com o autor, o criminoso preferiu acabar com alguém inocente, doutor Dionísio? Para mim, não faz muito sentido.

— Para me atingir, me desestruturar, acabar com minha vida, Há algo mais doloroso para um pai do que perder um filho, Marcos? Você será pai um dia e compreenderá o que estou lhe dizendo neste momento. Isso foi arquitetado para me abalar, me destruir. Não vejo outra hipótese. Além disso, Paulo José não tem inimigos. É um jovem educado, sempre foi respeitado na sociedade, nunca se envolveu em brigas ou discussões. Para mim, a causa do atentado está muito clara.

Marcos, por sua vez, discordava intimamente de Dionísio e continuava suspeitando de um dos amigos de Paulo José. Ele decidiu investigar um pouco mais.

❧

Naquela tarde de sábado, Estela foi visitar Renata. Sabia que ela estava namorando Marcos, já os vira juntos e, em certo momento, comentou alegre:

— Ontem fui ao clube, e Marcos estava lá com os amigos de Paulo José! Você sabia que ele é o maior contador de piadas? Só ele falava, e todos riam sem parar! Eu não sabia que ele tinha esse lado!

Renata admirou-se, afinal, diante dela, Marcos nunca mostrara esse lado mais jocoso. Além disso, a moça nem sabia que Marcos conhecia seu irmão e os amigos dele.

Naquela noite, quando Marcos foi buscá-la conforme o combinado, Renata perguntou:

— Por que nunca me disse que conhecia meu irmão e os amigos dele?

Marcos parou o carro, fixou-a e decidiu:

— Esse é um assunto que tem me preocupado. Precisamos conversar.

Marcos levou Renata ao clube e escolheu um lugar reservado, onde pudessem conversar com calma. Uma vez sentados, Renata observou que o rapaz estava sério e esperou com ansiedade que ele falasse.

— Antes, você vai me prometer que, aconteça o que acontecer, nunca contará nada a ninguém do que vou lhe dizer. Se souber de alguma coisa nova a meu respeito, seja o que for, fale comigo primeiro.

— Eu prometo. Pode confiar em mim.

— É sobre o atentado contra seu irmão. Renata, eu trabalho na Polícia Federal com um grande amigo de seu pai, o doutor Inácio. Não trabalhamos diretamente juntos, mas desenvolvemos uma amizade. Como sou formado em jornalismo e me interesso pela linha investigativa, doutor Inácio passou a discutir alguns casos comigo até para experimentar um novo olhar. Foi assim que comecei a ajudá-lo, extraoficialmente, em um ou outro trabalho. Faço isso para manter a mente funcionando.

— Você está investigando o caso de meu irmão? Como assim? Não estou entendendo. Onde entro nessa história?!

— Calma. Me escute, por favor. Seu pai foi pedir ajuda ao doutor Inácio para investigar o caso paralelamente à polícia, e foi assim que eu entrei na história. Doutor Inácio me chamou, expôs a situação e, diante da complexidade do problema, me incluiu na investigação. Quero que saiba, contudo, que o fato de tê-la conhecido naquela noite não tem a ver com isso. Foi por acaso, apesar de ter certeza de que não há acaso nesta vida.

— Seja sincero comigo, Marcos.

— Estou sendo. Essas histórias simplesmente se cruzaram. Eu acabei descobrindo que você era filha do doutor Dionísio, mas não podia deixar a investigação de lado porque havia me comprometido em ajudar o doutor Inácio. Seu pai está ciente de tudo.

— Você e meu pai se conheciam, então?

— De certa forma, sim. Nós acabamos nos conhecendo por meio de doutor Inácio.

— Entendi... ou acho que entendi. Bem... fico feliz que tenha me contado tudo isso agora. Ficaria decepcionada se me escondesse algo tão importante por muito tempo.

— Eu quis protegê-la, porque ainda não sei com o que estamos lidando, Renata. Seu irmão sustenta a ideia de que foi vítima de um assalto, mas, como você sabe, o criminoso não levou nada de valor dele. Já seu pai acredita que o atentado tenha sido motivado por uma vingança contra ele, já que doutor Dionísio é conhecido por ter colocado muita gente perigosa na cadeia. Eu, contudo, não estou convencido de nenhuma dessas hipóteses.

— Eu também não acreditei na versão de Paulo José sobre o atentado. Para mim, ele está mentindo para nós e para o delegado. Acredito que esteja tentando proteger um dos seus amigos. Um deles pode ter feito alguma coisa grave, e ele encobriu. Infelizmente, Paulo é muito tolerante e vive passando a mão na cabeça dos amigos.

— Eu compartilho da mesma teoria. Acredito que esse atentado esteja relacionado a um dos amigos de Paulo José. Algo fortemente aponta para isso. Renata, como estou aliviado por ter lhe contado que estou trabalhando nesse caso! Esse assunto estava me incomodando.

— Gostaria que me falasse um pouco mais sobre tudo isso, afinal, estou conhecendo outro Marcos, não é mesmo?

— Bem, quando doutor Inácio me convida a participar extraoficialmente de algum caso e me pede para fazer algumas investigações, eu costumo criar personagens para circular entre os suspeitos, fazer parte do grupo ao qual pertencem, me misturar e...

— Como assim?

— Eu crio personagens e atuo conforme a necessidade. No caso de Paulo José, me apresentei ao seu irmão e aos amigos dele como um advogado famoso. Armei uma cena aqui com um amigo repórter, como se ele estivesse me entrevistando para, assim, chamar a atenção de seu irmão e do grupo dele. E deu certo. Me apresentei como um homem muito alegre, que conta piadas maliciosas, pesadas, do jeito que eles gostam. Acho que eles nem quiseram se aprofundar demais nas perguntas sobre mim, porque ficaram sem jeito de admitir que não conheciam alguém "tão influente". Fingiram que me conheciam, mas acho que minhas piadas surtiram mais efeito com eles do que necessariamente toda a cena de que sou alguém importante.

— Entendi. E a que conclusão você chegou estando perto deles?

— Ao analisar os amigos de seu irmão, notei que alguns não são confiáveis, Renata. Precisei entrar na deles, conhecê-los melhor para saber a verdade de cada um.

— Você já trabalhou em teatro alguma vez?

— Não, mas, quando era adolescente, gostava de criar personagens e fazer peças de teatro. Minha irmã e meu irmão mais novo me ajudavam. Eu escrevia a peça, minha irmã e meu irmão caçula eram os atores. Convidava a meninada, e o preço da entrada eram dez palitos de fósforo.

Marcos beijou a mão de Renata com carinho e continuou:

— Esse foi um tempo muito bom! Sentia tanto prazer em fazer teatro que, quando desenvolvi a mediunidade e comecei a trabalhar com a espiritualidade, pensei em usar essa experiência em favor de um bem maior. Os espíritos que me auxiliam chegam até a me sugerir algumas ideias para colaborar. A imaginação é ferramenta útil para a vida!

— Então, você não realiza esses trabalhos por dinheiro? Meu pai não o está pagando por essa investigação? Tudo isso ainda está meio nebuloso para mim.

— Claro que não, Renata. Como lhe disse, eu entro nessas investigações por duas razões: primeiro, porque é uma forma de ajudar a espiritualidade; segundo, porque, como sou formado em jornalismo, a linha investigativa sempre me encantou. Foi o jeito que encontrei de fazer algo que gosto, mesmo sem trabalhar diretamente com isso, e manter a mente funcionando. Ou talvez eu seja um fã inveterado das histórias de Sherlock Holmes e queira um dia publicar as minhas também!

Renata sorriu mais calma, beijou Marcos e comentou:

— O caso de Paulo José ainda não foi esclarecido. Apesar de ele estar sendo vigiado por dois seguranças contratados por meu pai, sinto que isso não é suficiente. Tenho certeza de que ele corre perigo justamente porque o perigo está perto dele. Eu sinto que meu irmão mentiu ao delegado.

— Eu também penso assim. Difícil mesmo é convencer seu pai de que a ameaça está perto de seu irmão e não longe. Ele ainda acha que o atentado foi cometido por um marginal e que esse homem voltará para terminar o que começou.

— Acha que meu irmão continua correndo esse risco?

— Sim, meu amor. Sim. Aquele tiro foi disparado para matar seu irmão. O criminoso deve estar esperando o tempo passar e que o caso seja esquecido. Temos de continuar a protegê-lo. Não podemos facilitar!

Renata ficou calada durante alguns segundos, franziu o cenho e disse:

— Marcos, lembrei-me agora de uma coisa que aconteceu na noite da festa dos meus pais...

— Do que você se lembrou?

— Não sei se isso tem a ver com o atentado, mas já que você está investigando o caso, acho que deve saber...

— Fale assim mesmo.

— A noite estava linda naquele dia, e fui ao jardim para admirá-la. Sentei-me, então, em um banco para descansar e, depois de alguns minutos, ouvi uma voz de mulher falando muito irritada: "Você não pode fazer isso comigo! O que vou fazer da minha vida agora? Você vai ter de casar! Se meu pai descobrir, você não sairá vivo desta história". Assustada, levantei-me para sair, olhei em volta e vi que teria de passar por eles, então, resolvi esperar. Sentei-me de novo e ouvi uma voz masculina, que dizia com raiva: "Eu nunca lhe prometi nada e não me casarei com você. Não posso, você sabe disso. Não tenho condições para me casar agora! Você se entregou porque quis. Eu nunca a forcei". A moça respondeu: "Nunca me forçou, mas aceitou meu amor e agora quer tirar o corpo fora! Cuidado, pois estou desesperada! Você não sabe do que sou capaz. Aliás, não sabe o que é capaz uma mulher desesperada!".

— E o que mais você ouviu? — Marcos perguntou.

— O homem disse: "Eu nunca lhe prometi casamento e não vou casar-me com você!". A moça estava furiosa e retrucou dizendo: "Eu estou grávida! Você tem de casar comigo! Não pode fazer isso!". Ele mais uma vez foi grosseiro com ela e emendou: "Nunca! Você se entregou porque quis!".

— E o que a moça respondeu quando ele jogou isso?

— Ela disse: "Você é muito ordinário! Agora mesmo, entrarei naquele salão e contarei tudo. Farei um escândalo! Quero ver onde vai parar sua fama de bom moço!". O rapaz, então, finalizou dizendo: "Faça isso, e todos se divertirão à sua custa! Não sou o bobo que você pensa!".

— E depois disso? O que aconteceu? — Marcos estava atento aos detalhes do que Renata lhe contava.

— Ela virou as costas, entrou no salão, e eu fiquei apavorada. Era a festa de meus pais, e um escândalo desses seria muito desagradável. Imediatamente, voltei ao salão, chamei minha amiga Estela e convidei-a para circularmos pela festa. Fiz isso para tentar buscar entre os convidados alguém que estivesse com as feições alteradas. Algo que sugerisse que havia acabado de sair de uma discussão. Eu me esforcei para identificar a moça, mas não consegui. Teria ido embora?

— E, na manhã seguinte, Paulo José sofreu o atentado. Foi isso?

— Acha que o que lhe contei tem a ver com o atentado?

— Uma mulher magoada e grávida é capaz de tudo.

Renata pensou um pouco e disse:

— Meu irmão gosta da vida social, mas até agora não teve nenhuma namorada firme. Não sei, Marcos.

Talvez o atentado não tenha nada a ver com o que lhe contei.

Marcos ficou calado durante alguns segundos e respondeu:

— É uma pista. Verei até onde vai.

— Acho que a moça fez uma ameaça vaga, da boca para fora, mas não teve coragem de fazer o que prometeu. Estava magoada, irritada, afinal, teria de enfrentar a família devido a uma gravidez. Mas acredito que não tenha levado isso adiante.

Marcos abraçou Renata, beijou levemente o rosto da moça e disse sério:

— Adorei como você resolveu o caso e protegeu-se do escândalo. Soube de mais alguma coisa?

— Infelizmente, não. Procurei-a, mas não consegui mesmo identificar quem era.

— Talvez ela nem seja do grupo de seu irmão. Talvez tenha até se infiltrado na festa com a intenção de pressionar esse rapaz.

Renata pensou um pouco e depois disse:

— Ela parecia ser bonita, de classe, mas pode mesmo ter se infiltrado. Ela tinha a intenção de fazer um escândalo, de pressioná-lo! Cheguei a ficar com muito medo de que ela fizesse o que prometeu. Entrei no salão para procurá-la, mas não a encontrei.

— E o rapaz, você o encontrou?

— Ele estava de costas. Não consegui ver o rosto dele. Enfim, Marcos, não creio que essa discussão tenha sido a causa do atentado do qual meu irmão foi vítima. Tenho observado que Paulo é muito tolerante com os amigos. Eu mesma ficaria aliviada se ele cortasse a amizade com pelo menos dois.

— Melhor seria se ele cortasse mais que isso.

— Infelizmente, meu irmão é muito tolerante e vive passando a mão na cabeça dos amigos. Às vezes, Paulo chega a divertir-se quando algum deles faz coisas ruins, dizendo que ainda estão na infância e precisam crescer. Ele não os ensina nem exige que aprendam a se tornarem pessoas melhores. Eu gostaria muito que, depois do que aconteceu, meu irmão ficasse mais atento ao comportamento dos amigos.

— Tem razão. O caso ainda não foi resolvido e, afinal, foram dois tiros! Soube por meio de doutor Inácio que o delegado acredita na hipótese de vingança e que o criminoso está dando um tempo. E que, quando achar que tudo está calmo, voltará para acabar o que começou.

Renata fixou-o e disse séria:

— Continuo achando que Paulo José mentiu ao delegado quando falou sobre o atentado. Há alguma coisa que ainda não está clara no que aconteceu. Será que meu irmão está tentando proteger um dos amigos?

— Por que seu irmão mentiria? Ele seria capaz de proteger alguém que o tivesse agredido? Não creio. O tiro foi para matar, o que nos faz pensar que a pessoa que atirou estava com muita raiva. Não sei bem se foi um dos amigos de Paulo que efetuou o disparo, entende? Talvez algum deles tenha se metido em encrenca, e seu irmão, protegendo-o, tenha deixado alguém bravo.

— Como assim?

— Tenho amigos que costumam me mostrar coisas. Coisas que preciso ver. Marcos Vinícius é um deles! Ele me ensina que Deus está no leme de tudo.

— Como ele é?

— Um pouco mais baixo que eu, de pele clara, cabelos castanhos e olhos cor de mel, que, conforme suas emoções, se tornam esverdeados. Está sempre de bem com a vida e faz piadas de todas as coisas. Quem não o conhece acredita que ele seja folgado e subestima sua força, mas, quando ele precisa agir, tem muita lucidez, firmeza, domina a situação e consegue tudo o que quer.

— Gostaria de conhecê-lo.

— Falamos do caso, e ele está presente agora. Concentre-se e tente fazer contato.

Renata fechou os olhos e disse em pensamento:

"Eu gostaria muito de conhecê-lo!"

Os lábios de Renata abriram-se em um agradável sorriso e, em seguida, fixou Marcos e disse alegre:

— Além de bonito, ele é muito elegante e gentil.

— Você o viu mesmo! Ele é assim mesmo.

— Ele fez uma reverência, me olhou com carinho, e eu senti um bem-estar enorme.

— Marcos Vinícius costuma agir assim quando gosta de alguém.

— Sinto que ele nos ajudará a proteger meu irmão.

— Sim, nos ajudará a descobrir o que está por trás do atentado.

Ao analisar o caso, Marcos sentia que havia algo a mais naquela história. Intimamente, uma certeza apontava-lhe que Paulo José mentira e que o rapaz parecia muito apressado em dar explicações ao delegado, afirmando que o motivo do atentado fora uma tentativa de roubo.

— Agora ele já está bem — Marcos tentou acalmar Renata.

A moça pensou um pouco e depois disse:

— Sinto que o perigo ainda não passou.

— Você desconfia de alguém?

— Ainda pensando que essa história tenha a ver com os amigos dele, por mim, não permitiria mais a entrada em casa de Oscar, Horácio e João. Sinto que não são confiáveis. Tenho a sensação de que estão sempre representando. São prestativos em excesso, estão sempre elogiando Paulo José e fazem tudo para agradá-lo. Esse exagero, às vezes, me causa certo mal-estar.

— Você é muito observadora e tem grande sensibilidade, Renata. Continue observando-os e, se notar alguma coisa suspeita, não faça nada, pois pode ser perigoso. Fale comigo. Saberei o que fazer sem que eles percebam.

Renata suspirou e disse séria:

— Quem o atacou tinha a intenção de matar, mas, como não conseguiu, deve voltar para terminar o que começou.

— Os dois homens que estão protegendo seu irmão são experientes, sabem o que estão fazendo.

— Por enquanto, mas gostaria que esse caso fosse resolvido de uma vez para ficarmos em paz. Não podemos passar o resto de nossa vida sob essa ameaça!

— Tem razão. Por enquanto, tudo está sob controle. Fique calma. Nada de mal acontecerá ao seu irmão. Estou certo de que tudo será esclarecido e que os culpados serão presos. Pode esperar!

— Acredito em você! É tarde. É hora de irmos para casa.

Pouco depois, o carro de Marcos adentrou o jardim e parou diante da porta principal. Marcos abraçou Renata com carinho e beijou-a diversas vezes. A moça suspirou e disse baixinho:

— É tarde. Preciso entrar!

— A cada dia fica mais difícil me separar de você! Renata... você aceitaria se casar comigo? Sei que parece cedo demais, sei que parece um ato tresloucado de minha parte, mas sinto em meu coração que você é a mulher de minha vida. De toda ela. Por que, então, esperar mais? Caso aceite meu pedido, amanhã mesmo eu falarei com seu pai. O que acha?

Apanhada de surpresa, Renata sorriu, com os olhos brilhantes, respondeu:

— Essa pode ser uma boa opção — intimamente, ela também sentia que tinha com Marcos uma conexão profunda e especial.

O casal beijou-se mais uma vez, e Renata disse alegre:

— Amanhã, nós conversaremos sobre os detalhes.

Os dois se beijaram mais uma vez, e Renata entrou em casa sentindo forte emoção e grande bem-estar no coração. Mais do que apaixonada, a moça sentia que os laços que tinha com Marcos eram de um amor profundo, maduro e que vinha de muitas vidas.

CAPÍTULO 7

Dionísio estava sentado em seu escritório, quando a secretária entrou e avisou:

— O senhor Marcos chegou. Ele pode entrar?

— Sim. E, enquanto ele estiver aqui, não estou para ninguém.

— Sim, senhor.

Dionísio levantou-se e abraçou Marcos dizendo:

— Espero que tenha boas notícias! Sente-se.

Marcos fixou-o sério e depois disse:

— A primeira coisa que tenho a lhe dizer, senhor Dionísio, é que Renata e eu nos amamos, estamos namorando e que a pedi em casamento. Aceitaria me receber em sua família?

Surpreso, Dionísio olhou-o e respondeu:

— Meu rapaz, apesar de surpreso, afinal, esse namoro é recente, tenho por você admiração e respeito e sei que Renata é uma moça inteligente, amorosa e correta. Há namoros e noivados que se arrastam por anos, mas que não são alinhavados pelo amor sincero, e não vejo isso em vocês. No meu coração, acredito que realmente se amam e que têm tudo para construí-rem uma linda vida juntos.

— Muito obrigado pelas palavras, senhor Dionísio. Não sou rico, mas tenho possibilidades de oferecer a Renata uma vida confortável. Quando nos encontra-mos, sentimos que já nos conhecíamos de outras vidas. O senhor sabe que, tanto eu quanto ela, somos espiri-tualistas, acreditamos que o espírito é eterno e a vida continua depois da morte. Nunca conversamos sobre esse assunto, mas gostaria de saber sua opinião.

— Desde a infância, Renata diz ver espíritos, con-versar com eles e, muitas vezes, me deu provas de que estava dizendo a verdade. Desde muito cedo, ela dizia coisas profundas e verdadeiras. Coisas que destoam do que é esperado para a idade. Eu gostaria de ter essa certeza. De ter a certeza que minha filha tem, mas, às vezes, diante da morte, sabendo que meu corpo ou o corpo das pessoas que amo serão destruídos pelos vermes, sinto insegurança e não gosto de pensar nesse assunto. Não entendo como uma criança possa falar com naturalidade sobre a morte, afirmando que tudo está certo e sempre acontece para o melhor, contudo, aprendi a conviver com isso.

— Acreditar na eternidade traz calma e alegria de viver. Nossa verdadeira morada é no mundo astral, se-nhor Dionísio. Durante o dia, estamos no mundo, mas, à noite, voltamos ao nosso lar de origem para refazer-mos nossas energias. Pense nisso e não tenha medo de aprofundar-se nesse conhecimento. Não é difícil. Ex-perimente e verá.

— Se somos eternos, por que precisamos nascer neste mundo, viver em um corpo de carne perecível, que adoece com o tempo e morre? Para mim, isso é muito cruel!

Marcos fixou-o sério e respondeu com calma:

— Tudo que Deus faz tem uma razão de ser. Ele, com sua imensa sabedoria, criou nosso planeta, a Terra, onde o tempo é mais lento em comparação ao do mundo astral. Logo, vivendo aqui, podemos aprender com mais facilidade como a vida funciona, o que favorece o conhecimento. Mesmo reencarnado, o espírito pode analisar suas atitudes e mudar sua conduta para construir uma vida melhor. Há momentos em que o espírito percebe que precisa evoluir para ser mais feliz, reconhece onde foi que se iludiu e se esforça para mudar. Quem pode saber o que se passa na cabeça de alguém na hora da morte?

Dionísio encarou Marcos e disse sério:

— Só de pensar nisso, senti um arrepio. É melhor mudarmos de assunto. Vocês são jovens! Deveriam estar interessados em viver e aproveitar a juventude. Tudo passa tão depressa, e, quando acordamos, as oportunidades já terão acabado.

Marcos sorriu e respondeu:

— Senhor Dionísio, sua filha e eu somos espiritualistas e queremos aproveitar nossa estadia na Terra. Procuramos ser verdadeiros em nossas atitudes, e esse é o melhor caminho. A vida tem segredos, mas é muito rica e procura nos oferecer sempre o melhor, mesmo que estejamos reencarnados. O importante é conhecer a verdade, descobrir como as coisas funcionam e obter bons resultados, sempre trabalhando honestamente e de bem com a vida. Desejo saber se o senhor me aceita como genro.

Dionísio pensou um pouco e resolveu tirar uma dúvida com Marcos:

— Ela sabia que você iria falar comigo sobre esse assunto?

— Sim. Ontem à noite, nós falamos seriamente sobre nosso futuro e decidimos nos casar quando possível. Apesar de ter marcado esta reunião com o senhor para tratar do caso de seu filho, estava ansioso para saber se me aceitaria em sua família. Amo Renata verdadeiramente e tenho plena certeza de que nossos espíritos devem caminhar juntos nesta jornada para, assim, desenvolvermos nossos potenciais.

— Estou feliz por Renata tê-lo escolhido, meu rapaz. Sinto que esse casamento dará muito certo.

— Tenho certeza disso. Nosso amor é antigo! Senti isso desde que a vi pela primeira vez.

Pensativo, Dionísio encarou Marcos e comentou:

— Amar e ser amado e algo que torna nossas vidas muito melhores. Depois de trinta anos de casamento, meu relacionamento com Eunice só se engrandece. Continuamos nos amando e nos entendendo muito bem. Ela é muito melhor que eu. Confesso que me entende sem que eu precise dizer nada. Estou certo de que com vocês acontecerá o mesmo.

Marcos comentou:

— Bem, agora precisamos falar sobre o atentado.

— Descobriu mais alguma coisa?

— Ainda não tenho provas, mas sinto que Paulo José está enfrentando alguma coisa muito séria.

— Por que acha isso, Marcos? Meu filho está sempre bem, sabe levar a vida. O atentado que ele sofreu foi para me atingir. Tenho quase certeza de que foi um dos asseclas de algum bandido perigoso que ajudei a colocar na cadeia.

— Eu tenho minhas dúvidas, senhor Dionísio. Segundo Renata, Paulo José tem desconversado sobre o atentado, mesmo sabendo que o assassino pode estar esperando a ocasião propícia para atacá-lo de novo. Não acha isso muito suspeito? Alguém ter sofrido um atentado e querer encerrar o caso, mesmo sem uma solução? Sinto que ele não está falando tudo que sabe.

— Meu filho nunca se envolveu em coisas perigosas, Marcos. É um moço educado, que deseja viver a vida e se divertir com os amigos. Quem teria motivos para tentar matá-lo? Nada disso faz sentido para mim.

Marcos pensou um pouco e perguntou:

— Será que ele está protegendo alguém?

Dionísio olhou Marcos seriamente e exclamou:

— Não creio. Ele quase morreu!

— Paulo é muito tolerante com os amigos, mas descobrirei a verdade. Já conquistei a confiança do grupo, e, aos poucos, sempre com discrição, serei capaz de obter mais informações sobre o cotidiano dos rapazes. E, com um pouco de sorte, a verdade surgirá. Nenhum segredo permanece oculto quando a vida decide nos ensinar suas preciosas lições. Estou confiante.

— Conseguiu descobrir alguma coisa?

— Notei que eles gostam de piadas pesadas, falam mal de pessoas da sociedade e são desconfiados. Eu entrei na deles, usei uma linguagem igual, e eles foram se abrindo.

Dionísio franziu o cenho e comentou:

— Eu não sabia que meu filho se envolvia com pessoas assim. Renata já havia me avisado que Paulo José deveria ser mais cuidadoso com as amizades e para levar certas pessoas para dentro de casa. Pensei que ela estivesse exagerando.

— Pode ter certeza de que ela não exagerou. Fiz uma relação dos amigos mais chegados, dos que estão sempre com Paulo José, e o ambiente deles não é dos melhores.

Dionísio pensou um pouco e depois perguntou:

— Você acha que um deles pode ter sido o mandante do atentado?

— Esse ponto ainda não ficou claro, mas a hora da verdade está chegando. Só precisamos acreditar e ter fé nos desígnios da espiritualidade.

— Vou falar com Paulo dessa possibilidade.

— Espere um pouco mais. Renata me contou sobre um fato que aconteceu na noite de sua festa.

— De um fato? Ela não me disse nada. O que aconteceu?

Em poucas palavras, Marcos relatou o que Renata lhe contara e finalizou:

— Renata me relatou o que presenciou naquela noite. Ela não conseguiu ver o casal, mas ouviu a conversa desagradável que tiveram. A moça está grávida e queria que o rapaz assumisse o suposto filho. Ele, contudo, a tratou mal e afirmou que jamais se casaria com ela, o que a deixou furiosa. Ela disse que iria ao salão da festa e contaria a todos o que estava acontecendo. Preocupada com o escândalo, Renata correu para o salão disposta a impedi-la de todas as formas, mas tudo estava calmo, e sua filha concluiu que a moça havia deixado a festa.

— Acredito que isso não tenha a ver com o atentado, Marcos. Em sociedade, essas coisas são comuns. Muitas moças dão golpe da barriga para arranjar marido rico; e outras, que têm dinheiro e família importante, vão ao médico e "resolvem o assunto".

Marcos encarou o futuro sogro por alguns segundos e respondeu:

— Uma mulher traída e desprezada pode ser perigosa, senhor Dionísio. Independentemente de quem seja o rapaz, ele agiu arbitrariamente, sem levar em conta os sentimentos da moça. Mais cedo ou mais tarde, ele terá de arcar com as consequências de suas más escolhas.

Dionísio meneou a cabeça e sorriu quando disse:

— São como muitos cachorros que latem, mas não mordem. Elas reclamam, se colocam como vítimas, mas não têm coragem de fazer nada. Continuo sustentando a hipótese de que o atentado está relacionado a algum criminoso que coloquei na cadeia e desconfio do último caso que peguei. Essa é a pista certa. Não perca tempo investigando histórias que não o levarão a nada, Marcos, pois só terá dor de cabeça.

Mesmo contrariado com o julgamento equivocado que Dionísio fazia das mulheres, Marcos considerou:

— Está bem. Vou continuar investigando. Quando tiver alguma coisa nova, voltamos a conversar.

Apesar do posicionamento de Dionísio, Marcos sentia vontade de ir mais fundo na história que Renata lhe contara. Quem seria, afinal, o rapaz que tratara a moça grávida com tanto descaso? Como ela teria reagido àquela situação? Se ao menos ele soubesse quem era a moça, talvez conseguisse descobrir algo mais.

Talvez Renata se lembrasse de algum detalhe que pudesse identificar a moça, algo que, naquele instante, passara despercebido, mas que retornaria à sua memória se ela fizesse um esforço.

Assim que deixou a sala de Dionísio, Marcos ligou para a casa da namorada.

— Preciso conversar com você. Aceitaria jantar comigo hoje à noite?

— Eu não estava pensando em sair de casa. Não seria melhor você vir jantar aqui?

— É sobre o atentado do seu irmão. O assunto é sigiloso. Gostaria de ouvir sua opinião.

— Está bem. A que horas você vem?

— Às oito horas em ponto estarei aí. Não vejo a hora de encontrá-la.

— Estarei o esperando ansiosamente.

Faltando alguns minutos para a hora marcada, Marcos chegou, e Renata foi recebê-lo. Ele abraçou-a e beijou-a delicadamente no rosto. Depois, olhos nos olhos, ele disse emocionado:

— A cada dia que passa, sinto mais vontade de estar com você. Meu amor cresce a cada dia, e sua presença se tornou uma luz em minha vida. Hoje, não imagino seguir sem a lucidez que seus olhos me oferecem. Você é minha companheira de jornada. Tenho certeza de que a vida nos uniu para um propósito maior.

— Eu também sinto sua falta. Sempre sonhei com alguém que me compreendesse e que me permitisse expressar meus sentimentos livremente. Com você, Marcos, me sinto segura e pronta para enfrentar qualquer obstáculo que a vida me imponha.

Após um beijo apaixonado, Marcos explicou:

— Vamos marcar a data do nosso casamento? Conversei com seu pai sobre nós. Eu fiz o pedido, e ele aceitou, mas disse que antes preciso resolver o caso do atentado. Ele teme que o assassino volte a atacar e que o restante da família também seja atingida.

— Você acha isso possível?

— Tudo é possível, meu amor. Quem atirou pretendia matar e pode voltar. É melhor conversarmos sobre esse assunto fora daqui, pois as paredes têm ouvidos. Nesses casos, precisamos ter cautela. Nunca se sabe o que pode acontecer.

Renata concordou, e eles foram para um restaurante. Sentaram-se em um lugar discreto, onde poderiam falar sem reservas. Assim que se acomodaram, Marcos disse sério:

— Tenho pensado muito no caso daquela moça que estava grávida. Sobre aquela discussão que você ouviu durante a festa de seus pais.

— Acha mesmo que esse assunto pode ter a ver com o atentado?

— Em uma investigação, não podemos perder nenhum detalhe. Ela ameaçou-o dizendo que faria um escândalo, mas não cumpriu a ameaça, o que não quer dizer que tenha se esquecido do assunto. Ela pode estar apenas esperando o momento de agir.

— Você acha isso?

— É uma hipótese. Você não se lembra de algum detalhe sobre a moça? Pense um pouco. Quem sabe não tenha visto algo que passou despercebido na ocasião?

— Pelo que vi, ela era uma moça elegante. Certamente se tratava de alguém da alta sociedade.

— Pense, faça um esforço. Qualquer detalhe é muito importante. Eu gostaria de seguir essa pista também.

Renata pensou um pouco e por fim disse:

— Eu não consegui ver direito o casal, meu amor, pois estava muito escuro. Além disso, não queria que eles notassem minha presença. Agora, contudo, pensando melhor, posso ter visto um cabelo castanho claro e um vestido azul ou preto. Não tenho certeza. A moça estava muito nervosa e ameaçava provocar um escândalo, caso o rapaz não se casasse com ela.

— Você não viu ninguém com essas características depois da festa?

— Não. Você sabe... não vou muito ao clube.

— Você é sócia do clube, não é?

— Meu pai comprou um título, e toda a minha família pode frequentá-lo. Paulo é o que mais aproveita. Fez muitos amigos lá e está sempre no clube.

— Todos os amigos de seu irmão são sócios do clube?

— Não. Além de Paulo, apenas três deles são sócios e podem levar amigos como convidados.

Renata ficou pensativa durante alguns segundos e depois disse:

— Marcos, papai é muito experiente e acredita que a causa do atentado tenha sido uma vingança por ele ter colocado um criminoso muito perigoso na cadeia. Não parece que esse motivo seja mais plausível?

— Eu pretendo investigar os dois lados, mas sei que uma mulher traída é capaz de tudo. Nos casos que tenho estudado, isso tem sido mais comum do que parece. Vou descobrir a verdade.

— Papai teme que o assassino volte para acabar o que começou. Nossa família pode estar em perigo. Isso parece um pesadelo. Tenho pedido a ajuda dos amigos espirituais para resolvermos essa situação o quanto antes.

— Soube por doutor Inácio que há alguns policiais vigiando Paulo José.

— Eles encontraram alguma pista?

— Não. Além dos policiais que estão investigando o caso, seu pai continua mantendo a vigilância particular para protegê-los. Ele acredita que o criminoso esteja dando um tempo para nos fazer pensar que desistiu de seu intento.

— Papai não descansará até encontrar quem fez isso com meu irmão. Todas as semanas, ele conversa com o delegado para saber se já encontraram alguma pista, mas até agora não descobriram nada.

— Ele teme que algo aconteça com qualquer um de vocês. É importante que seu irmão colabore.

— Paulo geralmente não leva as coisas muito a sério, mas, depois do que passou, certamente cumprirá as ordens de papai.

Marcos sorriu e disse alegre:

— Agora, vamos falar de nós! Ontem, passeando pelo meu bairro, vi uma casa linda à venda. Ela estava aberta à visitação, mas não cheguei a entrar. Gostaria que fosse comigo vê-la. Se você gostar, talvez eu possa comprá-la.

— Podemos ir amanhã mesmo! Eu adoraria! A que horas você vai passar em casa?

— Pela manhã estarei trabalhando, mas posso vir buscá-la a uma hora. Está bem?

— Combinado.

— Estou curiosa para ver a casa. Você já foi visitá-la?

— Não. Só passei em frente e falei com o corretor. Ele estava terminando de abrir a casa para uma visitação. Vou ligar amanhã cedo para a imobiliária e agendarei um horário à tarde para uma visita. O lugar é bonito, meu bairro é bom, a casa é antiga, mas muito bem construída no meio do terreno. Tem até um lindo jardim.

— Estou ansiosa para conhecê-la. Tenho certeza de que nosso futuro lar será construído com muito amor e muita compreensão.

— Também estou muito feliz com nosso casamento. Seremos muito felizes.

Renata sorriu, e os olhos da moça brilharam quando ela disse:

— Eu gosto de casas antigas, com pé direito alto e um lindo jardim circulando o terreno. Se fecharmos o negócio, quero me dedicar à decoração. Usarei tons neutros e decorarei a casa com muito bom gosto. Receberemos os amigos e, na primavera, reuniremos a família para apreciar o jardim florido.

— Esqueci-me de dizer que na casa há uma bela, ampla e bem ventilada varanda.

Renata passou os braços em volta do pescoço de Marcos, e os lábios do casal se encontraram. Beijaram-se várias vezes, e ele disse emocionado:

— Você é a mulher da minha vida! Assim que a vi, senti isso! Seremos muito felizes, meu amor! Tenho certeza disso! Quando o amor é verdadeiro, a vida flui com prosperidade.

Empolgados, Renata e Marcos ficaram fazendo planos para o futuro até que a moça olhou o relógio e disse:

— Está na hora de irmos embora! É tarde. Você tem compromisso amanhã cedo.

— Estamos cuidando do nosso futuro! Vai dar tudo certo.

— Eu sei que vai.

Ao chegar à casa de Renata, Marcos beijou a moça com paixão. Estavam cheios de planos para o futuro e ansiosos para não terem mais de se despedir. Renata entrou em casa convencida de que encontrara o verdadeiro amor e estava feliz, e, enquanto dirigia de volta para casa, Marcos pensava no momento em que a moça se tornaria sua esposa.

CAPÍTULO 8

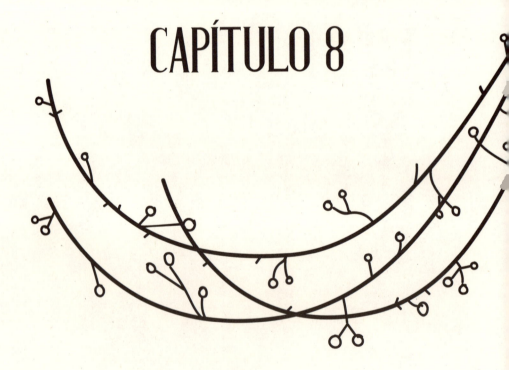

Passava um pouco das duas horas da tarde quando Dionísio chegou ao escritório. Apressado, ele dirigiu-se à sua sala. Chegara mais cedo na intenção de estudar um pouco mais um caso, cuja audiência estava marcada para dali a dois dias. Janete, a secretária, já colocara o processo sobre a mesa do advogado, que se sentou disposto a começar a trabalhar. A secretária, contudo, bateu levemente na porta antes de entrar e disse:

— Com licença, doutor.

— O que foi?

— Desculpe incomodá-lo, doutor Dionísio, mas um casal diz ter urgência em falar com o senhor.

— São meus clientes?

— Não.

— Eu só atendo com hora marcada. Além disso, estou ocupado. Peça que marquem uma hora e voltem outro dia.

— Doutor Dionísio, eu disse isso a eles, porém, insistiram para falar com o senhor. Dizem que precisam urgentemente de sua ajuda e que não irão embora sem falar com o doutor.

— Não gosto de ser pressionado.

— São pessoas de meia-idade e parecem muito nervosas.

Dionísio pensou um pouco e depois disse:

— Já vi que não conseguirei fazer o que pretendia! Mande-os entrar.

Dionísio guardou o processo na gaveta, levantou-se e esperou que as pessoas entrassem. Depois de cumprimentá-las, pediu que se acomodassem diante de sua mesa, fixou-os e perguntou:

— Em que posso ajudá-los?

O homem tirou uma fotografia do bolso e entregou-o a Dionísio dizendo:

— Nossa filha desapareceu há mais de um mês, doutor Dionísio. Nós estamos passando por uma situação muito difícil. Procuramos a polícia, que tem trabalhado no caso, mas ninguém descobriu nada até agora. Já faz mais de um mês! Hoje cedo, procurei o delegado e não gostei do que ouvi.

— O que foi que ele lhe disse?

— "O senhor não deve se preocupar. Estamos certos de que ela logo aparecerá. Sabe como são as mocinhas de hoje! Se apaixonam, se iludem e fogem de casa. Será que não foi isso que aconteceu?".

João Alberto, assim se chamava o homem, meneou a cabeça e continuou nervoso:

— Minha filha é uma moça séria, que sempre se comportou bem! Nunca faria isso! Ela não levou nenhum pertence pessoal. As roupas dela estão todas lá. Estamos muito aflitos. Viemos procurá-lo na esperança de que descubra o que realmente está acontecendo!

O homem tirou um cartão do bolso e entregou-o a Dionísio:

— Este é o cartão do meu negócio.

Dionísio pegou o cartão e leu: *João Alberto Fiorucci*.

— O senhor sabe que sou um advogado, não sabe, senhor? Que não atuo ativamente em investigações.

— Sim, doutor Dionísio, eu sei. Sei que não é esse o seu papel, mas o senhor é um criminalista importante, já trabalhou em muitos casos e pode nos ajudar a pensar em possibilidades. A polícia está tentando encontrar respostas para o desaparecimento de minha filha, contudo, sinto que nada está avançando. Nos ajude! Além disso, temos muita admiração pelo senhor por ter colocado na cadeia o homem que matou o doutor Vilela. Ele era amigo nosso. Homem bom, educado, tratava a todos com respeito.

— O que posso lhes prometer é entrar em contato com algumas pessoas que têm experiência com investigações de crimes.

— Não sabemos mais o que fazer. Viemos aqui porque estamos desesperados. Percorremos praticamente todos os hospitais da cidade e de cidades próximas, IML, e não descobrimos nada. Emília não se conforma. Estamos muito aflitos, por isso, viemos procurá-lo. Nós confiamos no senhor, e estou certo de que descobrirá o que aconteceu.

Emília pousou a mão sobre a de Dionísio, e havia lágrimas em seus olhos quando ela disse:

— Por favor, doutor, nos ajude! Sinto que algo muito sério aconteceu com ela! Marlene é uma moça direita, formou-se em psicologia no ano passado. É uma moça estudiosa e responsável. Nunca repetiu um ano. Sinto que aconteceu alguma coisa muito ruim com ela! Neste mundo, há muitas pessoas maldosas... Viemos procurá-lo, porque confiamos que conseguirá encontrá-la!

João Alberto disse aflito:

— Eu sinto que ela está viva! E sei que o doutor nos ajudará a descobrir onde ela está!

— O senhor é nossa última esperança! — reforçou Emília.

Dionísio olhou para o casal com compaixão. Ele também era pai e compadecia-se da aflição dos pais de Marlene.

— Também tenho filhos e compreendo a gravidade do momento que estão passando. Como lhes disse, como advogado, não atuo diretamente em investigações, mas conheço bons profissionais que conseguirão atuar paralelamente à polícia.

— Estamos dispostos a gastar o que for preciso para isso. Nós confiamos no senhor e sabemos que foi Deus que nos trouxe aqui. O senhor é o único capaz de encontrar nossa filha amada. Sua competência é indiscutível.

— Senhor Fiorucci, posso, então, contratar o pessoal?

— Sim, doutor. Confio inteiramente na escolha dos profissionais. Estou disposto a gastar meu último centavo até encontrar minha filha.

— Tudo bem. Gostaria, então, que anotassem todas as informações que considerem relevantes sobre Marlene. Se tiverem fotografias da moça, já deixem comigo.

— Claro! Temos algumas fotos aqui — disse João Alberto.

Dionísio entregou-lhes papel e caneta e fez algumas recomendações:

— Peço que ambos façam suas anotações, pois aquilo que um não se lembrar de citar o outro certamente se lembrará. Preciso do nome completo dela, rotina, nome dos amigos e outros detalhes que possam ajudar a localizá-la. Anote o número do seu telefone.

Enquanto o casal escrevia, esforçando-se para dar informações úteis ao advogado, Dionísio observava-os, pensando que o mais provável era que a moça estivesse feliz ao lado de um namorado e que, depois de um tempo, voltasse envergonhada para casa. Depois, os pais tratariam logo de realizar o casamento para salvar a honra da moça. Era um caso fácil de ser resolvido.

Dionísio refletia sobre as dificuldades da vida e as escolhas equivocadas que algumas pessoas faziam. Sem se dar conta do abismo no qual mergulha, o ser humano, preso às ilusões do mundo, segue caminhos tortuosos e atrai para si aflições desnecessárias.

Os pais de Marlene, atentos para não se esquecerem de nenhum detalhe, anotavam no papel tudo o que consideravam importante sobre a filha, sobre a relação da moça com a família, com os amigos e a rotina que Marlene mantinha. João Alberto terminou suas anotações antes da esposa e, ainda aturdido, passou os olhos nas duas folhas que escrevera. Depois, entregou as anotações a Dionísio, que começou a ler avidamente, enquanto Emília continuava escrevendo.

João Alberto descrevera a filha como uma moça muito correta, carinhosa com os pais e querida de todos. Dionísio, contudo, sabia que os pais sempre veem os filhos com mais qualidades do que realmente possuem e que, normalmente, não enxergam seus defeitos. O advogado tinha plena convicção de que aquele caso tinha fácil resolução. Era experiente e sabia como agir naquela situação. Com a anuência de João Alberto contrataria um bom investigador particular, distribuiria fotos de Marlene para todas as delegacias, e logo a moça seria localizada.

Quando Emília entregou suas anotações, Dionísio colocou-as em uma pasta junto com as de João Alberto que, sem delongas, implorou:

— O caso é sério, doutor Dionísio. Nos ajude a encontrar nossa filha!

— É o que farei.

— Quero acompanhar todos os detalhes. Qualquer coisa que descobrir, me avise, sem demora. Nossa filha é nosso bem mais precioso. A família está destruída desde que ela desapareceu.

Emília fixou os olhos em Dionísio e, muito emocionada, disse:

— Continuarei rezando para que nada de mau aconteça à minha filha. Ela não está habituada a sair sozinha. É uma moça correta, amorosa e muito bondosa!

— Fiquem tranquilos. Já sei quem poderei contratar para investigar o caso.

João Alberto tirou um talão de cheques do bolso, preencheu uma folha e entregou-a a Dionísio dizendo:

— Espero que esse valor cubra as primeiras despesas. Mantenha-nos informados, doutor Dionísio. Estamos estressados, com medo do que possa ter acontecido à nossa filha. Saberemos recompensá-lo muito bem. Marlene é nosso anjo! Se algo acontecer com ela, não teremos mais vontade de viver!

— Farei o que me pedem. Sei como é difícil uma situação dessas!

Após os pais de Marlene se despedirem, Dionísio sentou-se novamente e releu as informações que o casal escrevera.

Algum tempo depois, Dionísio, distraído, nem ouviu quando bateram na porta. Ele despertou quando ouviu uma voz conhecida:

— Posso entrar?

Dionísio levantou-se sorrindo:

— Você chegou na hora certa! Mas, antes, me diga: descobriu alguma coisa sobre o atentado?

— Senhor Dionísio, tenho alguns suspeitos, contudo, ainda não disponho de provas que apontem para a pessoa certa. Por que cheguei na hora certa?

— Um casal veio me pedir ajuda. A filha única desapareceu, e eles estão desesperados, pensando no pior. Enviarei uma cópia da foto da moça para todas as delegacias. Os pais alegam que ela é uma boa filha, querida por todos e muito ajuizada e temem que a moça tenha sido vítima de alguma maldade. Eu, contudo, não levei o caso muito a sério. Disseram que ela não tem namorado, mas vai saber! Hoje em dia, as jovens só fazem o que querem e não ouvem os pais. Ela pode ter fugido com o namorado, se entregado a ele e agora está com vergonha de voltar para casa.

Marcos encarou o futuro sogro, pensou um pouco e pronunciou com uma voz firme:

— O senhor está enganado. Os pais da moça têm razão. Algo errado aconteceu com ela.

— Como sabe disso?

— Trata-se de uma moça alta, muito bonita, elegante, cabelos castanhos claros, ligeiramente ondulados, pele clara e olhos verdes. Tem uma energia boa. É pessoa equilibrada e lúcida.

Dionísio meneou a cabeça e comentou:

— Como você sabe de tudo isso sem conhecê-la?

Ainda incrédulo, o advogado abriu a gaveta, tirou uma foto de Marlene de dentro de uma pasta e entregou a Marcos, dizendo:

— Você não precisa da foto para saber como ela é, mas quero que fixe bem a imagem da moça. Será que, assim, poderei perceber a verdade? Apesar de saber que é você que tem esse poder, é sempre bom reforçar minha fé!

Vendo que Marcos fixou a foto durante alguns segundos, Dionísio esperou com certa ansiedade e, como ele continuava calado, perguntou:

— E então? O que está sentindo? Descobriu alguma coisa?

— Sinto que ela está em perigo, mas ainda não estou vendo tudo claramente. Vou tirar uma cópia das anotações dos pais da moça e aprofundar minhas observações. Preciso consultar meus amigos espirituais.

— Faça isso. Eles devem saber onde ela está. Assim, você poderá descobrir o local e resolver o caso.

— Não é assim que funciona, senhor Dionísio. A espiritualidade nos auxilia, nos protege, mas não tem permissão para intervir diretamente em nossa vida. Temos nosso livre-arbítrio, e a espiritualidade respeita nossas escolhas individuais.

— Eu não entendo! Eles sabem tudo e não podem nos ajudar? De que adianta isso?

Marcos sorriu e disse:

— A ajuda precisa ser adequada. Além disso, as circunstâncias, o pensamento e as emoções deles, seus medos, podem se misturar e embaralhar mais as coisas. Ninguém será auxiliado se não respeitar e aprender as leis que regem o universo. Somos responsáveis por nossas escolhas e colhemos os frutos de nossas ações.

Dionísio refletiu sobre o que Marcos dissera e perguntou:

— E quanto ao atentado? Descobriu mais alguma coisa?

— Tenho estado com os rapazes no clube. Por enquanto, estou ganhando a confiança deles.

— O caso de Paulo José é mais sério, Marcos. É melhor dedicar-se mais a isso. Gostaria que trabalhasse nesse mistério que envolve o desaparecimento dessa moça, mas que não deixasse de lado a investigação do atentado que meu filho sofreu.

— Senhor Dionísio, ambos os casos são sérios. Estou trabalhando no de Paulo José e agora me dedicarei também ao dessa moça. Marlene, não é?

Dionísio deu de ombros e disse contrafeito:

— Sim, sim. Faça como quiser, mas me mantenha informado sobre tudo o que descobrir! Quando eu souber quem atirou em Paulo José, o responsável irá para a cadeia, seja ele o filho de quem for! Lembre-se de que esse elemento não queria apenas assustar minha família! Seu intuito era assassinar meu filho.

Dionísio ficou calado durante alguns segundos e depois disse com confiança:

— Tenho quase certeza de que esse atentado não partiu de gente de boa família! Acredito que quem cometeu atirou contra Paulo deve ser de família pobre. Talvez tenha o feito por inveja ou mesmo tenha sido pago por algum criminoso que eu ajudei a prender.

— O senhor não está sendo preconceituoso, seu Dionísio? Por que necessariamente esse atentado partiria de alguém pobre? O senhor realmente acredita que uma pessoa que venha de uma família rica não possa também cometer atrocidades? Há lares ricos e podres, e há lares pobres e cheios de luz. Não vejo lógica nessa relação.

Sério, Dionísio respondeu:

— Estou apenas sendo realista, meu rapaz. A sociedade está repleta de marginais, que só desejam prejudicar as famílias de bem. Fazemos parte de um grupo seleto.

Marcos não quis discutir, pois sabia que levaria tempo até que Dionísio entendesse as leis da vida. Conhecimento é luz e desperta o espírito em toda a sua capacidade divina. É preciso sempre olhar uma mesma situação com outra perspectiva, analisando cada novo sentimento, cada experiência, porque sempre haverá muito a aprender, ainda que nossa visão limitada acredite haver esgotado o assunto.

Após a conversa com o futuro sogro, Marcos foi direto para casa e dirigiu-se a uma sala que mantinha fechada e onde ninguém mais entrava. Nela, o rapaz fazia suas preces, elevava seu espírito e mantinha contato com espíritos amigos, que o auxiliavam em sua jornada. Eles preenchiam aquele espaço com energias elevadas, fazendo daquele lugar um oásis de paz e proteção para Marcos.

O rapaz entrou na sala, colocou sobre a mesa os papéis com as anotações dos pais de Marlene e fechou os olhos. Colocando uma mão em cada folha, ligou-se com os espíritos e esperou.

Uma sensação de angústia acometeu Marcos, que viu um quarto de madeira iluminado por uma luz fraca que saía de um lampião. O rapaz apurou os sentidos, e um cheiro de óleo muito desagradável invadiu seu nariz. Deitada em uma cama de madeira, uma moça dormia, mas seu sono não era tranquilo. Ela parecia estar dopada e alheia a tudo.

Estava escuro, e Marcos não conseguia distinguir se aquela moça era a jovem que ele procurava. A cena, de repente, se desfez, e Marcos respirou aliviado.

Um dos espíritos que o auxiliavam disse:

"Tentei entrar naquele lugar e senti que ele foi bloqueado por energias perigosas, que dificultariam minha saída depois. Mesmo com dificuldade, vi que dois homens armados estão sentados lá fora, tomando conta do local, e dispostos a impedirem que qualquer um se aproxime. Sei como eles fazem isso e decidi pedir ajuda aos meus amigos para vencê-los. O ambiente está muito pesado."

— É Marlene mesmo! Ela está desesperada. Como tentou fugir, eles a amarraram na cama. Onde fica esse lugar?

"É um terreno longe da cidade, onde há uma casa de madeira, com alguns móveis antigos e sem nenhum conforto."

— Preciso descobrir a localização exata.

"Faça isso."

Marcos pensou um pouco e disse:

— Sinto que ainda não conseguimos entender esse caso. Segundo os pais dessa moça, ela é inteligente, digna e educada. A família tem posses, então, por que ninguém ainda pediu o resgate? Por quê? Será que ela se apaixonou por algum mau elemento, se envolveu com ele e não contou aos pais? Sinto que há um mistério nisso. Peça ajuda aos seus mestres, talvez eles lhe deem algumas dicas. Se descobrir alguma coisa, me avise. Vou continuar tentando entender melhor.

Descobriu algo mais sobre o atentado? — Marcos perguntou ao amigo espiritual.

"Sim. Tenho estudado os rapazes. Observei que Júlio, apesar de continuar levando uma vida normal, está nervoso, toma tranquilizantes e, apesar disso, não consegue se acalmar. Ele tem pensado com muita raiva em uma moça, como se quisesse se vingar dela."

— Foi ele quem sequestrou Marlene?

"Sim, mas não fez isso sozinho. Ele contratou pessoas e continua aparecendo por aqui para salvar a própria pele."

— Ele é mau caráter. Não é à toa que eu sinto algo ruim emanando do grupo de amigos de Paulo José. Precisamos agir depressa. Acredito que ele não pensa em libertá-la e meu receio é de que Marlene não suporte tanta pressão.

"Também sinto isso. Farei uma reunião com nossos companheiros, estudaremos como agiremos, e virei programar a ação com você."

Após algumas orientações, o grupo despediu-se. Marcos sentou-se e releu as anotações que os pais de Marlene fizeram e, de repente, passou por sua cabeça a possibilidade de Júlio estar envolvido nos dois crimes. Quanto mais pensava nisso, mais fazia sentido. No atentado, a pessoa atirara para matar, pois deveria estar com muita raiva, mas não havia mulher no caso. Mas por que Júlio atiraria contra o amigo?

Por alguma razão, Marcos intuía que os dois acontecimentos estivessem interligados, mas por quê? E se Júlio realmente estivesse envolvido nos dois crimes, teria ele agido sem que os amigos soubessem ou com o auxílio deles?

Marcos sentia que a moça sequestrada estava desesperada e temia o pior, então, precisava agir depressa. Sem perder tempo, ele pegou a fotografia de Marlene, fixou-a e ligou-se mentalmente com ela, dizendo com carinho:

"Marlene, meu nome é Marcos e estou trabalhando para libertá-la! Colaboro com a polícia, e logo, logo descobriremos onde você está. Fique firme, reze e peça a ajuda de Deus, pois Ele a está protegendo. Confie, que em breve a libertaremos. Acredite que a fé move montanhas! Mesmo quando tudo parece difícil e ruim, no fim, o ocorrido se reverterá em aprendizado e conhecimento. Conserve a paz e a confiança no coração! Estamos juntos!"

Apesar de estar nervosa e um pouco dopada, Marlene notou que alguém estava tentando confortá-la. Marcos continuou:

"Acredite no que estou lhe dizendo e mantenha-se calma para que eles não a dopem. Você precisa estar bem para podermos libertá-la. Eles são perigosos, mas somos mais fortes que eles. Confie na vida e em nós. Fique com Deus!"

Marcos ficou repetindo palavras de sustentação e confiança até que, cansado, se acomodou para dormir, entregando o caso nas mãos de Deus e dos seus amigos espirituais.

CAPÍTULO 9

Marcos acordou quando já começava a clarear. Levantou-se sentindo que precisava fazer algo para libertar a moça e solucionar o mistério que envolvia o atentado sofrido por Paulo José, contudo, ainda não tinha ideia do que faria.

Assim que entrou no carro, Marcos pediu ajuda aos seus amigos espirituais e sentiu a presença de Ernesto a seu lado dizendo:

"Marcos, vim auxiliá-lo, mas tenho de lhe dizer que sua ansiedade o está atrapalhando a encontrar o verdadeiro caminho. Confie nas leis da vida, pois elas são funcionais, e ninguém fica sem amparo divino. Lembre-se, contudo, de que há momentos em que devemos seguir em frente e outros em que devemos recuar. É o bom senso que determina cada ação."

— Ontem, tive a sensação de que o caso de Paulo José e o de Marlene estão ligados de alguma forma. O que acha?

Ernesto pensou um pouco e respondeu:

"As coisas não estão claras. Preciso verificar. Mesmo no mundo espiritual, encontramos dificuldades e temos de buscar clareza. Acalme seu coração."

Em suas buscas, o espírito amigo percebeu que o caso era muito grave e que Marlene corria risco de morte, pois Júlio era seu carma de outras vidas. Em vidas pregressas, a moça fora cruel e amarga com o rapaz, levando-o ao suicídio. Ao mesmo tempo em que havia amor por parte do rapaz, a indiferença da moça transmutara esse sentimento em ódio. Ernesto notou que ali estava a chave para desvendar aquele complicado caso.

Em sua vida pregressa, Marlene pertencia a uma família nobre, era muito bela e culta, mas também prepotente e orgulhosa. Os pais da moça, cegos pelo amor que nutriam pela única filha, não conheciam o verdadeiro caráter da jovem.

Dentro de Marlene conviviam duas personalidades — uma boa e outra má —, que surgiam de acordo com a situação a que a moça fosse exposta. Se contrariada, ela tornava-se rancorosa, prepotente e capaz de qualquer coisa, porém, no dia a dia, era dócil e cordata com os pais, que, equivocadamente, lhe faziam todas as vontades.

Quando Júlio e Marlene se conheceram, o rapaz logo se apaixonou pela moça, que alimentava aquele amor como um capricho. No entanto, com o passar do tempo, ela começou a se cansar dos cortejos do rapaz e passou a desprezá-lo. Júlio, profundamente apaixonado, não aguentou vê-la distribuindo sorrisos para outro homem que ela conhecera e acabou suicidando-se. Júlio, então, partiu de sua vida passada conectado a Marlene, e seus destinos mais uma vez se cruzaram numa nova encarnação.

No cativeiro, Marlene sentiu que alguém estava tentando ajudá-la, contudo, olhou em volta e não viu ninguém. A ajuda nem sempre é visível aos olhos da carne e, para recebê-la, devemos conectar nossos pensamentos com a espiritualidade, realizando sentida prece para acalmar nosso coração e permitir que os espíritos de luz nos enviem boas sugestões que possam nos ajudar a resolver as mais complicadas situações.

Ernesto colocou a mão na testa da moça, enviando-lhe energias de paz. Marlene, muito abatida, desnutrida e transtornada, já estava se entregando à morte, pois não acreditava que iria sobreviver a tudo aquilo. Mal sabia a moça que o desânimo abre a porta da ilusão e atrai aqueles que, descuidados do bem, permanecem ancorados no mal, pretendendo ludibriar a vida, sem saber que estão enganando a si mesmos.

Sem saber que não estava sozinha, Marlene recebia de Ernesto bons fluídos, energias benéficas, reparadoras, que alimentavam seu espírito enfraquecido, mantendo-a longe das energias deletérias.

Intuído por Ernesto, Marcos começou a seguir os passos de Júlio por toda a parte. Vítima de seu desequilíbrio interior e já tomado de ideias persecutórias, Júlio, mesmo sem saber que estava sendo vigiado por Marcos, começara a tentar esconder qualquer ligação com o caso e passou a apresentar atitudes suspeitas. Estava sempre nervoso, impaciente, sobressaltado, e até seus amigos começaram a perceber as mudanças que se operavam no semblante do rapaz. Infeliz daquele que se julga capaz de burlar as leis da vida. Deus, inteligência superior, causa primária de todas as coisas, comanda todos os acontecimentos, agindo sempre para o nosso crescimento e desenvolvimento espiritual. Cedo ou tarde, a verdade surge como uma luz brilhante para iluminar as trevas da nossa ignorância.

Ainda no cárcere, Marlene, mesmo com toda a ajuda espiritual que recebia de Ernesto, começou a ficar doente e a ter alguns vislumbres espirituais. Em uma dessas visões, ela fez uma viagem astral, em que visualizou uma cena muito forte com Júlio. O rapaz ajoelhava-se a seus pés, implorando por seu amor.

Acreditando estar à mercê da própria sorte, Marlene entregava-se cada vez mais à penúria da situação em que se encontrava. A mando de Júlio, dois jovens a vigiavam e mal a alimentavam, e o corpo da moça, já desnutrido, dava mostras de cansaço.

Marlene não sabia mais onde estava e sentia-se fora de si, como se estivesse flutuando em um abismo, sem encontrar a saída. A mente da moça não produzia mais pensamentos lógicos, e seus braços e suas pernas estavam dormentes. Ela nem sequer conseguia se levantar.

Longe dali, mas profundamente aflitos, estavam os pais de Marlene que, já descrentes de que encontrariam a filha viva, esperavam por más notícias. Pobres criaturas! Não entendiam que a mente é um aparelho de repetição que deve ser comandado pelo espírito e que, em uma situação difícil, o importante é cultivar bons pensamentos, entregar as aflições à espiritualidade e pedir uma solução para as questões que estão além do nosso limitado conhecimento.

E assim as investigações caminhavam nos dois casos: no de Paulo José e no de Marlene. Por várias vezes, Marcos teve a certeza de que os casos estavam interligados, mas Humberto, delegado que estava cuidando da investigação do atentado que Paulo José sofrera, ainda tinha dúvidas. Como Marcos conseguiria explicar a Humberto que sua certeza vinha da espiritualidade? Além disso, não tinha provas, o que tornava tudo ainda mais complexo. Para o delegado, tudo não passava de suposições.

Nesse ínterim, Júlio resolveu viajar sem dar satisfação a ninguém. Antes, porém, ele passou rapidamente no cativeiro para efetuar o pagamento semanal aos comparsas.

A notícia de que Júlio havia viajado chegou aos ouvidos de Humberto e de Marcos por meio de Emília, que, preocupada com a filha, buscava se manter alerta a qualquer detalhe que auxiliasse a polícia a encontrar Marlene.

Um dia, conversando com Solange, uma das melhores amigas de Marlene, Emília ouviu algo que despertou seu sexto sentido materno. A moça comentou que Marlene mencionara estar passando por uma situação muito difícil e não saber como resolvê-la.

— Mas o que estava acontecendo com Marlene, Solange? Me diga! — aflita, Emília questionou a moça.

Compadecendo-se da aflição da mãe da amiga, Solange narrou a conversa que tivera com Marlene. Nela, a moça confidenciara-lhe que fizera algo muito desagradável e que isso poderia ter graves consequências, mas, devido à vergonha pelo ocorrido, calou-se, sem revelar o fato à melhor amiga.

Desesperada, Emília perguntou a Solange se a conversa era recente, e a moça confirmou, mas reiterou

147

que não fazia ideia do que Marlene estava omitindo dela e da família.

— Dona Emília, há uma pessoa em que Marlene confiava cegamente. Eu a conheço, pois estivemos juntas algumas vezes. Quem sabe ela não possa ajudá-la? Vale a pena tentar.

— Quem é essa pessoa? Por favor, me diga!

— Ela se chama Cenira e é professora de piano. A solidão em que vive a aproximou de Marlene, que a considera uma amiga muito querida. Nós a conhecemos em um evento no clube. Ela não é brasileira.

— Solange, por tudo que há de mais sagrado no mundo, me leve até ela!

— Claro! A senhora deseja ir agora?

Diante da resposta afirmativa da mãe aflita, Solange, prontamente, acompanhou Emília à casa da professora de piano.

Chegando lá, Emília apresentou-se a Cenira e falou sobre o acontecido. Cenira era uma mulher de meia-idade, muito elegante, cujo sorriso fácil cativava a todos. A professora, a par do ocorrido, disse que achara estranho o afastamento repentino de Marlene, pois quase todos os dias a moça passava na casa dela para tomar um café e ouvi-la tocar piano. Apesar de admirar as lindas melodias que Cenira executava, Marlene nunca se interessara em aprender a tocar o instrumento.

Esperançosa com a possibilidade de descobrir alguma pista sobre o paradeiro da filha amada, Emília explicou a Cenira que ela era a única chance de saberem algo sobre Marlene, e que João Alberto, o pai da moça, estava acamado, com uma forte depressão.

Cenira ficou calada e pensativa.

— Neste momento, não posso conversar com a senhora. Poderia voltar mais tarde? — disse Cenira, de modo lacônico.

Apesar da frustração estampada em seu semblante, Emília respondeu prontamente:

— Sim, posso!

⁂

O tempo custou a passar até que chegasse a hora de Emília retornar à casa de Cenira. Confiante de que a professora teria algo importante para lhe dizer, a mulher tocou a campainha da casa com expectativa.

Após ser convidada para entrar, Emília sentou-se no sofá que a professora indicou na ampla e bem decorada sala de estar. A casa era bem cuidada, e os detalhes da decoração atestavam o bom gosto da anfitriã.

Sem mais delongas, Cenira foi direta ao perguntar:

— A senhora conversa com sua filha?

— Claro que sim. Por quê?

Cenira relutou em contar tudo o que sabia, mas, analisando mentalmente a situação, chegou à conclusão de que Marlene poderia estar correndo risco de vida e decidiu revelar o que sabia.

— Dona Emília, não sei bem como lhe revelarei o que sei, pois se trata de algo muito pessoal. Seria melhor que a própria Marlene lhe contasse tudo, porém, diante da situação, não vou me omitir — Cenira foi categórica: — Sua filha está grávida!

— Grávida? Como assim? — Emília ficou em choque ao ouvir a revelação.

— Sim! Ela está grávida. Na última vez em que a vi, Marlene estava muito confusa, pois não tinha certeza de quem era o pai da criança. Se não me falha a memória, ela me contou que estava envolvida com um rapaz de nome Júlio, mas que brigara com ele.

Vendo que Emília empalidecia a cada palavra que ouvia, Cenira fez uma breve pausa, contudo, não havia como retroceder. Aquela mãe precisava saber de toda a verdade, mesmo que isso destruísse todas as suas ilusões.

Cenira continuou a narrativa:

— Após brigar com o tal Júlio, Marlene mencionou que foi a uma festa e, apesar de não ter o costume, acabou bebendo. Sob o efeito do álcool, ela acabou se entregando a outro rapaz. Se não me falha a memória, o nome dele é Paulo José. Pouco tempo depois, quando descobriu a gravidez, Marlene foi procurar Júlio para lhe dizer que o filho era dele. Contudo, para a infelicidade dela, o rapaz soube por meio de um amigo que Marlene e Paulo José haviam se relacionado. Irado, o rapaz jogou-lhe na cara que o filho não era dele, e, desesperada, Marlene o ameaçou.

Cenira calou-se, pois só conhecia a história até aquele trecho. Depois que Marlene lhe narrara o ocorrido, nunca mais a vira desde então. Estava realmente preocupada com a amiga.

Desarvorada com tudo o que ouvira sobre a filha, Emília colocou as mãos na cabeça, desesperou-se e, sem forças, pranteou sua dor. A pobre mulher não conseguia entender a má conduta da filha.

— Onde errei, meu Deus? Sempre fui uma boa mãe, cumpridora de minhas responsabilidades, e nada deixei faltar a Marlene. Meu marido é um homem honrado e sempre cuidou com zelo de todos. Como contarei a ele que nossa filha maculou o nome da família? — ela questionava-se.

Presa à sua dor, Emília era escrava das aparências, dos ditames de uma sociedade incapaz de perdoar os arroubos da juventude e de entender a força de uma paixão. Marlene, como tantas outras moças de sua idade, não conseguira conter seus ímpetos, iludiu-se e estava sendo julgada pelas leis dos homens. Mas Deus, em Sua infinita sabedoria, jamais acusa Seus filhos, pois sabe que tudo na vida é aprendizado. Não há erros, não há julgamento; tudo é ensinamento.

Cenira procurou acalmar Emília, pedindo-lhe que tentasse compreender Marlene, o fato de que era jovem e que se apaixonara.

Emília agradeceu sinceramente a Cenira e disse que iria buscar ajuda. Explicou que, de posse das informações que a professora lhe revelara, estava segura de que a situação se resolveria em poucos dias.

No caminho de volta para casa, Emília decidiu entrar em uma igreja para orar e buscar ajuda espiritual. Dando livre curso à tristeza que a acometia, a mulher orou fervorosamente. As lágrimas caíam-lhe em abundância, e foi nesse instante que ouviu uma voz suave sussurrar ao seu ouvido:

— Sua filha está viva!

Emília ficou sem saber o que fazer. O que seria melhor? Voltar para casa ou procurar o delegado Humberto? Decidiu-se pela segunda opção. Não podia ficar parada; precisava agir e ajudar a polícia a encontrar sua filha.

Pouco depois, Emília chegou à delegacia. Após se informar com alguns policiais a serviço, ela chegou aflita à sala do delegado e bateu levemente na porta.

— Doutor Humberto, me desculpe, mas preciso conversar com o senhor. Trago informações que podem ajudar no caso do desaparecimento de minha filha.

— Dona Emília, peço que a senhora se sente e aguarde alguns instantes, pois estou terminando de assinar uns documentos.

— Tudo bem. Esperarei o tempo que for preciso. Não sairei daqui até contar para o senhor o que descobri.

Após cerca de uma hora de espera, o delegado chamou Emília, que, tropeçando nas palavras, relatou toda a história narrada por Cenira.

Humberto ficou estático, pois tinha muitas dúvidas a respeito do que ouvira. A história estava muito conturbada, com várias pontas soltas, o que fazia o delegado se questionar como resolveria aquele enigma.

Recuperando o sangue frio, Humberto explicou a Emília que investigaria a fundo tudo o que ela lhe contara e que não descansaria enquanto não descobrisse a verdade.

Após se despedir de Emília, o delegado decidiu entrar em contato com Marcos. Atendendo a um pedido de Dionísio e de Inácio, Humberto aceitara por o rapaz a par da investigação, mesmo que esse não fosse um protocolo comum na polícia. Ao longo das reuniões que teve com o rapaz, o delegado, contudo, começou a apreciar o pensamento analítico de Marcos e passou a levar em conta as hipóteses levantadas por ele. Agora, com esses novos dados envolvendo os nomes de Marlene, Júlio e Paulo José, as investigações de ambos os casos tomariam novos rumos.

Mais tarde, quando Marcos chegou à delegacia, Humberto colocou-o a par do que Emília lhe contara. O rapaz ouviu atentamente o relato do delegado e demonstrou ter acreditado na história da mãe de Marlene. Sem perda de tempo, ele informou a Humberto que iria à procura de provas contundentes. A vida é funcional e, sempre que necessita, encontra pessoas dispostas a auxiliá-la. Nesse caso, Marcos estava sendo o instrumento para que a verdade surgisse e libertasse os envolvidos dos débitos que lhes impediam o crescimento espiritual.

Após acertarem alguns detalhes, e Humberto conceder carta branca a Marcos para agir de acordo com suas impressões, os dois homens se despediram.

Saindo da delegacia, Marcos foi em busca de Júlio, mas soube que o rapaz viajara sem avisar ninguém e que nem mesmo a família sabia de seu destino. Orientado pela espiritualidade e em posse do depoimento de Emília, Marcos cada vez mais se convencia de que havia uma relação entre o atentado sofrido por Paulo José, o desaparecimento de Marlene e essa viagem inesperada de Júlio.

⁂

Desatinado, Júlio estava firme em seu propósito de não mais retornar para casa. Mas o que ele tramara contra Marlene? Quais ordens ele dera aos capangas responsáveis pelo cativeiro da moça?

Após dias indo de uma cidade para outra, desorientado, dormindo em hotéis de beira de estrada, Júlio chegou a Lorena, no interior de São Paulo, e instalou-se num hotel modesto localizado no centro da cidade.

Durante toda a viagem, Júlio não se sentiu bem, e constantemente lhe viam à cabeça pensamentos destrutivos e perturbadores, nos quais a imagem de Marlene surgia sem trégua. Invigilante, o rapaz sintonizava-se com criaturas inferiores, com espíritos malfazejos que teciam teias de loucura em torno de seu espírito perturbado e se regozijavam com a dor alheia, incapazes de um gesto para auxiliar o próximo. Sairia Júlio desse profundo estado de perturbação mental?

Já se passara mais de seis dias desde os últimos acontecimentos, e nenhuma pista nova surgira sobre o paradeiro de Marlene. Com a viagem inesperada de Júlio, contudo, a atenção voltou-se para ele, mas não havia nenhuma pista de onde o rapaz estivesse.

Ainda mantida no cativeiro, Marlene estava muito frágil e sentia muitas dores no corpo. Fazia dias que a moça não se alimentava dignamente, contudo, sua gestação seguia com êxito, pois o espírito prestes a encarnar estava sendo guardado pela espiritualidade. Viver uma nova jornada na Terra é algo especial, é a chance de experimentar sensações novas, de conhecer as leis que regem a vida e galgar degraus rumo ao burilamento do espírito.

Próximo ao cativeiro, um casebre que fora moradia de Jonas, um idoso que falecera em decorrência do alcoolismo, havia uma casa na qual viviam duas mulheres: Isaura e sua filha Joana. O marido da senhora falecera havia cerca de dois anos.

Certo dia, Isaura ouviu algo semelhante ao choro de uma pessoa. Parecia um lamento constante e vinha das cercanias. Ela, então, comentou com a filha sobre sua impressão, mas Joana replicou que poderia ser alguém da família de Jonas, o antigo morador, e pediu que a mãe não se intrometesse no assunto, pois avistara dois sujeitos estranhos circulando pelo local. Isaura, contudo, permaneceu inquieta, afinal, o choro não parava.

Sem dar ouvidos aos conselhos de Joana, Isaura comentou o ocorrido com a amiga Aparecida. Andando sempre juntas, as duas mulheres trabalhavam costurando e auxiliavam a comunidade, fazendo caridade.

Aparecida, mais despachada, ficou alerta após o relato de Isaura. Apurando os ouvidos, ela percebeu que o choro que ouvia parecia vir de uma mulher, contudo, só via dois homens circulando pela casa.

— Vou à polícia, Isaura. Há algo estranho nessa história — diz Aparecida.

Receosa, Isaura alertou:

— Pode ser perigoso, pois não sabemos do que se trata. O melhor é esquecermos essa história. Moro sozinha com Joana no meio do nada. E se fizerem algo contra nós?

— Mas você acha que não estou preocupada com isso, Isaura? Se esses homens estiverem envolvidos com algo escuso, que garantia vocês têm de que isso não vá bater na sua porta em algum momento? Além disso, não podemos nos calar diante dessa situação estranha. E se a polícia não encontrar nada, pelo menos ficaremos com nossa consciência em paz. Aprendemos que não basta não praticar o mal! É preciso também fazer o bem sempre para que a vida nos traga oportunidades de progresso — finalizou Aparecida.

A mulher não sabia, mas estava sendo inspirada pelos bons amigos de luz, que encontraram em Aparecida um terreno fértil para semearem boas ações.

Por um instante, a mulher ainda ficou indecisa, e uma ideia tola surgiu-lhe à mente: "E se fosse um espírito que chorava?", mas, logo em seguida, afastou o pensamento com um balançar de ombros, algo muito seu, que repetia sempre que queria se livrar de algo. Resoluta, Aparecida, por fim, dirigiu-se à delegacia mais próxima.

Após alguns minutos de espera, doutor Alcides Brandão, o delegado da cidade, recebeu Aparecida e começou a ouvir o relato da mulher.

Alcides era um homem honesto, que honrava seus mais de vinte anos de trabalho na polícia. Nunca fora negligente no exercício da função e estava naquela delegacia para proteger a população e agir no rigor da lei. Após ouvir o relato de Aparecida, ele prontamente decidiu averiguar as suspeitas levantadas pela mulher.

Experiente, Alcides sabia agir com prudência em situações daquela natureza e, com o intuito de deflagrar uma eventual ação criminosa, enviou ao local Samuel e Ricardo, dois policiais à paisana.

Após realizarem uma tocaia nas cercanias do casebre, os agentes de polícia avistaram, em frente à casa, um homem de pele clara, aparentando cerca de trinta anos de idade, sentado em uma cadeira. Cuidadosamente, continuaram a observar a distância, evitando, assim, que os suspeitos se evadissem.

Samuel e Ricardo retornaram à delegacia da cidade para relatar o caso a Alcides e lucubrar um plano de ação, que precisava ser rápido. Apesar de não saberem exatamente com o que estavam lidando, todo o cenário indicava que algo estava errado. Seria uma simples invasão de propriedade privada ou havia algo por trás daquilo? De quem era aquele choro constante que Aparecida e Isaura estavam ouvindo? E por que aqueles dois homens pareciam tensos e em estado de alerta?

Munidos de coragem e com o desejo sincero de auxiliar ao próximo, aqueles homens, todos pais de família, que exerciam com zelo seu ofício, encaminharam-se sem demora para o local suspeito. Esperaram a noite cair e, em uma ação orquestrada, invadiram o casebre e encontraram Marlene, que jazia num catre imundo, coberta com um lençol roto e que exalava um odor fétido. Amedrontada, totalmente desidratada e desnutrida em decorrência dos longos dias sem receber com constância água e comida, a moça foi prontamente resgatada e levada ao hospital mais próximo do local.

Enquanto a moça, em estado de choque, era levada ao hospital em uma das viaturas, os dois homens que vigiavam o cativeiro de Marlene foram conduzidos, já algemados, à outra viatura e à delegacia. Um dos homens se chamava Damião e acumulava em sua ficha criminal passagens por roubo e estelionato; o outro, Marcelo, era um rapaz franzino, de 20 anos, que não tinha passagem pela polícia.

Apesar de a polícia ter conseguido prender os dois homens, o caso ainda estava longe de ser esclarecido. Alcides ainda não sabia quem era a moça que fora resgatada, o porquê de ela estar sendo mantida naquele casebre e naquelas condições e quem estava por trás de tudo aquilo. Buscando respostas para seus questionamentos, o delegado iniciou um minucioso interrogatório com os dois homens que haviam sido presos.

Enquanto eram interrogados, Damião, o mais velho da dupla, manteve-se firme ante a pressão que sofria e respondeu evasivamente às perguntas do delegado. Já Marcelo, o outro rapaz, estava com muito medo, pois era a primeira vez que era detido e não tinha jogo de cintura para suportar a pressão que um interrogatório policial provocava. Percebendo o ponto fraco de Marcelo, o delegado foi incisivo e, após algumas horas de pressão psicológica, o meliante acabou entregando o mentor do sequestro.

— Vou dizer, mas me libertem! Foi uma fraqueza minha! Não sou bandido! —dizia Marcelo com os nervos à flor da pele.

Alcides sabia que não seria possível libertar o rapaz antes do julgamento, mas que podia fazer um acordo com ele. Caso viesse a ser condenado, estaria registrado em seu depoimento que ele contribuíra com as investigações, o que fatalmente o ajudaria a ter a pena reduzida. Tudo estava nas mãos do rapaz, que precisava escolher qual caminho seguir. A vida sempre nos presenteia com o livre-arbítrio, contudo, as consequências de nossas boas ou más ações sempre chegam, leve o tempo que levar. Infelizmente, algumas pessoas ainda ignoram as leis da vida e, presas às ilusões, têm um longo caminho pela frente até conquistar o equilíbrio necessário para evoluir nesta jornada terrena.

Após alguns segundos de hesitação, Marcelo finalmente confessou que o mandante do sequestro fora Júlio, selando, assim, o destino do rapaz, que deveria responder perante as leis dos homens por aquele crime. Mas e a espiritualidade? Como ela se encarregaria de lhe ensinar as lições necessárias?

No hospital, Marlene recuperava-se pouco a pouco dos dias de terror que vivera no cativeiro. A moça, ainda frágil pelos últimos acontecimentos, já conseguia se comunicar, embora se apresentasse visivelmente traumatizada. Desnutrida e um pouco desidratada, Marlene questionava a todo tempo se o filho que carregava no ventre estava bem.

Marlene chegara ao hospital imersa em um profundo estado de confusão mental devido aos dias de privação de água e alimentos suficientes para lhe sustentar a vida. Chegara à unidade de saúde com os pensamentos desconexos, a fala pastosa e os olhos vidrados, buscando respostas para tudo aquilo pelo que passara e, principalmente, por rostos conhecidos.

Alcides, ao tomar conhecimento do estado da moça, decidiu esperar uns dias até tentar interrogá-la, afinal, ninguém sabia ainda quem era Marlene, de onde ela vinha e se tinha familiares. As únicas informações que o delegado detinha até aquele momento eram o nome do mandante do crime e que o homem vivia no Rio de Janeiro.

Quando finalmente Marlene apresentou uma melhora considerável, ou seja, quando seus pensamentos e sua fala se tornaram novamente conexos, Alcides pôde interrogá-la e descobriu que a moça vinha de uma família abastada do Rio de Janeiro. Em posse do telefone residencial da família de Marlene e do endereço, o delegado conseguiu entrar em contato com os pais da moça e informá-los sobre o paradeiro da filha.

Ainda incrédulos, João Alberto e Emília receberam um telegrama por parte de Alcides e depois um telefonema do delegado, que, de forma objetiva, narrou o ocorrido e forneceu o endereço do hospital onde a moça estava internada. Em posse das informações, o casal ligou para o delegado Humberto e comunicou-lhe que Marlene fora encontrada.

— Sim, doutor Humberto. Marlene foi encontrada. Minha filha estava sendo mantida em um casebre no meio do nada! O delegado da cidade, o doutor Alcides, disse que a encontraram graças a uma denúncia. Eles foram checar o local, acreditando que se tratava de um caso de invasão de propriedade, e a encontraram em um estado deplorável. Minha filha...

Ainda muito nervoso, João Alberto narrava os últimos acontecimentos para Humberto, pois ele era o delegado que oficialmente estava cuidando do caso do desaparecimento de Marlene.

— Senhor João, seguirei para lá e os encontrarei no hospital. Assim que eu resolver umas pendências aqui, pegarei a estrada.

— Vamos sair daqui a pouco de casa. Só quero ver minha filha.

⨯⨯

Horas depois, João Alberto e Emília chegaram ao hospital onde Marlene estava internada. Emocionados e ainda descrentes de que a haviam encontrado viva, os pais da moça deram livre curso às lágrimas.

Emília, a mãe de moça, já estava a par de tudo, porém, não conseguia esconder o quanto estava chocada com os acontecimentos e com a gravidez da filha. Frágeis, muitas pessoas criam modelos de conduta considerados perfeitos e frustram-se quando os outros não se encaixam nesses padrões. Emília estava sofrendo com o desmoronamento de suas ilusões, sem aceitar que apenas recebia a visita da verdade, que é libertadora.

Humberto, o delegado responsável pelo caso, chegou pouco tempo depois ao hospital, mas decidiu fazer poucas perguntas à moça, pois percebeu que Marlene ainda estava muito abalada psicologicamente. Preferiu concentrar as perguntas em Alcides, então, logo seguiu para a delegacia da cidadezinha, onde confirmou o nome do mandante do crime: Júlio. O mesmo Júlio que Marcos apontara como um forte suspeito.

⨯⨯

Ainda na cidade de Lorena, Júlio mantinha-se afastado de todos. O rapaz, a cada dia, tornava-se mais taciturno e irascível, buscando um culpado para suas aflições.

A prisão preventiva de Júlio já fora expedida pela justiça, que tivera acesso ao depoimento de Marcelo, um dos homens que mantiveram Marlene em cativeiro a mando do rapaz, e ao depoimento da moça, que, mesmo ainda muito traumatizada, conseguiu relatar sua captura e confirmar seu envolvimento amoroso com Júlio.

Em sintonia com espíritos inferiores, que se deleitavam ao conduzir seus semelhantes à decadência física e moral, Júlio buscava refúgio na bebida. O rapaz, preso às fraquezas mentais que somente uma alma em desequilíbrio é capaz de sentir, estava completamente fora de si.

Atormentado por ter sequestrado Marlene e, consequentemente, por ter cometido um crime, Júlio sabia que o caminho que escolhera não tinha volta e que teria de pagar por seu delito. A certeza de que dera um passo em falso o fez desesperar-se e fugir. Sem saber que seus comparsas haviam sido presos e que Marlene fora libertada do cativeiro, Júlio, trancado no hotel, ainda pensava no que faria com a ex-namorada e de que forma escaparia da prisão. Na última vez em que estivera com os capangas, pagara-lhes um mês de serviço adiantado e deixara dinheiro para as despesas com alimentação para Marlene, mas logo esse dinheiro iria acabar, e ele teria de decidir o que fazer. Precisaria voltar, mas temia ser preso. Sentia-se encurralado por suas escolhas equivocadas.

Em uma tarde, o rapaz, já cansado do confinamento no hotel e completamente embriagado, resolveu sair sem rumo dirigindo seu automóvel. Desnorteado, Júlio começou a delirar e ouvir vozes. Em seu profundo estado de perturbação mental, ele não conseguia entender que estava na hora de aceitar o inevitável e reconhecer que chorar, lamentar-se e revoltar-se eram atitudes inúteis. O rapaz não sabia que a vida sempre continua, que os desafios que ela traz são medidos de acordo com nossa necessidade de aprendizagem e que cada um deles só surge quando já temos conhecimento para vencê-los. A vida não joga para perder e só aposta na vitória. Nosso espírito tem tudo de que precisamos para levar adiante nosso processo de crescimento, estejamos nós encarnados ou desencarnados.

Júlio suava, e suas mãos tremiam enquanto ele tentava, sem sucesso, manter o automóvel rodando pelas ruas em linha reta. Ziguezagueando, ele conseguiu sair de Lorena e cair na estrada, onde poderia ganhar mais velocidade.

Quanto mais a angústia lhe assaltava o peito, mais Júlio enterrava o pé no acelerador do carro, que já trepidava devido à alta velocidade. De repente, sem conseguir visualizar com clareza a estrada, pois as lágrimas já haviam tomado seus olhos, Júlio perdeu o controle do automóvel, capotando três vezes seguidas e deixando-o no asfalto um rastro de destruição.

Um homem, que vinha na estrada, presenciou o acidente e foi buscar ajuda em Lorena. Assim que conseguiu reportar o ocorrido a um posto policial, uma ambulância foi enviada ao local, mas não houve tempo de salvar a vida de Júlio. Muito ferido e ainda preso às ferragens, o rapaz faleceu.

Como carregava no bolso uma carteira com documentos e uma agenda de telefones, o corpo de Júlio foi identificado, e a polícia tratou de buscar entre os contatos anotados alguém que fosse da família do rapaz. Quando finalmente conseguiram falar com os pais de

Júlio, já bastante angustiados pelo sumiço do filho e com a acusação de que ele fora mandante do sequestro de Marlene, a notícia da morte do rapaz caiu-lhes como uma bomba, devastando-os.

Muita tristeza tomou conta de todos que conviviam com aquele espírito sofredor e atormentado por ilusões criadas por uma mente ociosa, que não buscava no trabalho a realização pessoal e a assistência ao próximo. Além do choque de receberem em casa a polícia com um mandado de prisão preventiva para Júlio, os pais do rapaz enfrentavam agora a notícia de sua morte. Felizmente, no entanto, tudo está certo na vida, e o que parece o fim é apenas uma pausa para nosso restabelecimento, certos de que teremos outras oportunidades para nosso desenvolvimento.

Após a justiça ser comunicada sobre o falecimento de Júlio, o inquérito prosseguiu normalmente, obedecendo aos trâmites legais. Tempos depois, Damião e Marcelo foram indiciados, julgados e condenados pelos crimes de sequestro e cárcere privado.

❧

De volta à casa dos pais, Marlene, por recomendação médica, seguiu em repouso, pois, diante de tantos infortúnios, sua gravidez tornara-se de risco. A moça ainda não se recuperara totalmente do trauma, e seu estado piorara depois que ela descobriu quem fora o mandante do sequestro. Ela não conseguia acreditar que Júlio fora capaz de um ato tão vil. E se a polícia não a tivesse resgatado, qual teria sido seu destino? Ainda estaria viva? O que ele tramara contra a moça? Diante de tantos questionamentos, Marlene, sem perceber, conectava-se a energias inferiores, criando em torno de si uma egrégora negativa, que atraía espíritos ignorantes e indiferentes à compaixão e ao amor ao próximo.

Entre o sétimo e oitavo meses de gestação, Marlene começou a ter fortes dores no ventre, que logo se revelaram mensageiras de um parto prematuro. A moça deu à luz uma menina muito frágil e pequena. Logo após o parto, a criança precisou ser assistida pelos médicos, pois nascera com os pulmões muito fracos. A bebê necessitou ser prontamente encaminhada à UTI neonatal, onde ficou sob intensivo cuidado médico, visando, assim, seu desenvolvimento.

A reencarnação de um espírito, muitas vezes, é um momento delicado, pois ele terá de se preparar emocionalmente, conforme os problemas que ainda tem e o progresso que deseja alcançar. Nesse processo, alguns temem o retorno, pois sabem que terão de esquecer o passado, enfrentar o desconhecido, testar seus conhecimentos, assumir a responsabilidade de escolher o próprio caminho, porém, todos, sem exceção, são amparados por espíritos de luz, que os velam e auxiliam com bons conselhos. Basta apenas que confiem na vida e abracem com fé as boas oportunidades.

E, assim, a vida de nossos personagens seguia o curso natural dos acontecimentos. Alguns, ao escolherem caminhos tortuosos, faziam da dor sua companheira de jornada, porém, ao seu tempo e à sua maneira, aprenderiam as preciosas lições da vida, que os conduziriam à felicidade.

Passado o período de perturbação tão comum aos espíritos recém-desencarnados, Júlio, não aceitando a morte, começou a vagar desesperadamente em busca de Marlene. O espírito do rapaz, fraco e muito ferido devido ao acidente, sentia vivamente as lesões ocorridas no corpo carnal, pois ainda estava preso às impressões do mundo material.

A espiritualidade, no entanto, nunca abandona as criaturas que necessitam de auxílio para compreender seu estágio atual e seguir em frente, pois se tornar um ser humano melhor é tarefa primordial de todos os espíritos. Para isso, encarnamos quantas vezes são necessárias para evoluirmos moralmente, seguindo as lições que Cristo nos deixou.

Visando auxiliá-lo, Júlio foi visitado por sua avó, que tentou resgatá-lo e levá-lo a uma colônia espiritual, onde receberia ajuda e iniciaria sua recuperação. O rapaz não aceitou o auxílio da bondosa senhora e disse que não desejava seguir adiante enquanto não libertasse Marlene do cativeiro, sem saber, no entanto, que a moça já fora resgatada. Cansado, ferido e preso a perturbações mentais, Júlio, sem conhecer os mecanismos que possibilitam nossa locomoção pelas esferas astrais, tentou, em vão, encontrar o local onde mantivera Marlene presa.

Perdido, Júlio começou a aliar-se a espíritos zombeteiros, acreditando que com eles encontraria um caminho e, nessa perturbação, vagou por regiões inferiores, onde uma densa e fétida névoa causava asfixia nos espíritos ainda presos às impressões do corpo físico. O rapaz sentia frio, fome, cansaço, e apenas uma vaga ideia de sua condição atual, por vezes, vinha à sua mente.

De súbito, Júlio lembrou-se de sua meninice, da alegria que partilhava com os amigos nas sempre animadas brincadeiras infantis. Dentre tantos rostos amigos, um deles surgiu fortemente na memória do rapaz. Era como se aquela pessoa estivesse ali, naquele momento, ao alcance de suas mãos. Envolvido por essa impressão, Júlio sentiu-se flutuar rapidamente, como se estivesse cruzando distâncias, desbravando regiões, e um intenso calor tomou conta de seu espírito. Quando deu por si, ele, atônito, viu-se na casa de Francisco, seu melhor amigo de infância, que desde cedo demonstrava uma acentuada mediunidade.

Os pais de Francisco não levavam a sério a mediunidade do menino e acreditavam que o filho conversava com amigos imaginários. Francisco, por sua vez, sentia a presença dos avós já falecidos e conectava-se sem receio com o mundo invisível.

O tempo foi passando, e Francisco, mesmo acreditando no intercâmbio com a espiritualidade, mantinha-se invigilante, resistente aos estudos e à educação espiritual. O rapaz não tinha má índole, mas, vivendo assim, atraía tanto bons quanto maus espíritos.

Desde que soube da morte de Júlio, Francisco passou a fazer sentidas preces a Deus para que o amigo fosse amparado onde quer que estivesse. Naquele dia em particular, sentiu fortemente a presença de Júlio, que, furioso, não entendia por que o Francisco o ignorava, fazendo pouco caso de sua presença.

— Francisco, você não está me vendo aqui? Ô! Está surdo?!

Dali para frente, Francisco tornou-se vítima do desequilíbrio de Júlio, que, para atrair a atenção do rapaz, acendia e apagava as luzes do ambiente e mudava objetos de lugar com o intuito de ser notado, sem perceber que estava em outra dimensão, em outro plano, e que não tinha o direito de agir arbitrariamente contra os irmãos encarnados.

Em uma noite chuvosa, Francisco deitou-se, e o sono logo veio. O rapaz, que trabalhava com o pai, estava cansado, pois o dia fora exaustivo. No meio da noite, ele despertou com a voz de Júlio, que, nítida, clamava por ele. Era um pedido de ajuda. Ele estava seguro disso.

Assustado e ainda sonolento, Francisco sentou-se e começou a orar por Júlio, sentindo arrepios por todo o corpo. Com o coração acelerado, ele ouvia lamentos, um pranto de dor.

Munido de coragem, Francisco perguntou:

— Júlio, é você quem está aí?

Nesse momento, o jarro de água que estava ao lado da cama de Francisco foi atirado no chão.

Tomado por um sincero desejo de ajudar o amigo, Francisco continuou orando até que tudo se acalmou, e, finalmente, ele pôde voltar a dormir.

No dia seguinte, já refeito, Francisco levantou-se pensando em tudo o que acontecera na noite passada. O rapaz perguntou-se em voz alta:

— Meu Deus, o que está acontecendo? Como posso ajudar meu amigo? Quem acreditará no que aconteceu? Vão achar que sou louco por estar vendo um morto!

Bons amigos de luz escutaram os questionamentos de Francisco e, reconhecendo no rapaz o verdadeiro sentimento de amor fraternal que ele emanava, foram para auxiliá-lo no amparo ao amigo.

Repleto de energias deletérias que embruteciam seu espírito, Júlio, contudo, não suportou as boas energias daqueles espíritos de luz e, inconsequentemente, fugiu às pressas do local.

Júlio vagou por muitas horas pensando em tudo o que havia acontecido. As palavras de Francisco ainda reverberavam em sua mente. Então, era verdade. Ele realmente estava morto. Sim, já desconfiara de algumas percepções experimentadas, mas ouvir do amigo de infância sobre sua nova condição foi perturbador. As lembranças das más ações pretéritas surgiram-lhe na mente de forma avassaladora. O que fizera de sua vida? E como se retrataria com as pessoas que ferira? Como seguiria em frente se estava morto? O que viria depois?

A consciência de Júlio cobrava-lhe o preço justo de suas ações, pois as ilusões trazem dor, e só a verdade ensina e liberta. Nem sempre aceitamos as mudanças, porque, habituados a ver apenas o que nos favorece, acreditamos que tudo em nossa vida deve seguir nossas vontades, contudo, a necessidade de progresso movimenta as coisas ao nosso redor e traça rumos mais lúcidos e proveitosos.

Nada permanece estático, e com os nossos pensamentos não é diferente. Frente à verdade, Júlio queria libertar-se de suas angústias, e, então, o desespero de encontrar Marlene e Paulo José tornou-se dilacerante para ele.

Apesar de sua disposição sincera para saldar os débitos passados, Júlio continuava perturbado, sentindo uma espécie de exaustão provocada pelas energias em desequilíbrio. Em busca de alívio para a aflição que o acometia, ele saía sem rumo e, sem se dar conta, tornava-se presa fácil dos fluídos deletérios que se desprendiam dos bêbados e dependentes químicos daquela região. E, infelizmente, vibrando naquela sintonia, ele afastava-se de Francisco, o único caminho para a realização de seus projetos.

CAPÍTULO 11

O tempo passou rapidamente. As flores coloridas enfeitavam o jardim da casa de Marlene. Era fim de tarde, e uma suave brisa soprava. A paz que exalava do ambiente externo contrastava com a tempestade de sentimentos que os moradores da casa enfrentavam.

Marlene ainda se recuperava do trauma do sequestro, dos dias de terror no cativeiro e do parto de sua filha Maria Helena, uma linda menina de olhos azuis e muito sorridente.

Aos poucos, a família da moça também tentava superar os últimos acontecimentos, mas muitas vezes fraquejava. João Alberto e Emília, escravos dos ditames da sociedade, remoíam o passado e lamentavam tudo o que acontecera com a filha.

— Minha filha, sei que seu pai e eu, muitas vezes, nos revoltamos com o que aconteceu, mas entenda... nós somos imperfeitos. Vejo em seus olhos que também sente vergonha pelo ocorrido, contudo, precisamos seguir em frente. Não podemos nos esquecer de que, no meio dessa tragédia, Deus nos presenteou com um anjo.

— Mamãe, às vezes, parece que ainda estou caindo em um precipício e, em outras, sinto que, aos poucos, minha alegria de viver retorna ao meu coração.

— Marlene, nossa família se resume a mim, a você, a seu pai e ao nosso anjo Maria Helena. Temos de lutar. Sei que é difícil lidar com as críticas da sociedade e lhe confesso que não são raras as vezes em que fraquejo, mas tenho escolhido pensar em vocês duas, em nossa família, que é o que realmente importa. Vamos, filha! Temos de superar tudo o que aconteceu.

O que as duas mulheres não sabiam é que, paralelamente a todas as situações que se abateram sobre a família, João Alberto ainda estava enfrentando problemas na empresa. Ele, contudo, decidira esconder delas o que estava acontecendo para não preocupá-las.

Tudo começara quando Marlene sumiu de casa. Aflito por não ter notícias da filha, João Alberto descuidou-se da administração da empresa e acabou delegando decisões a funcionários incompetentes e inescrupulosos, que aos poucos foram conduzindo a companhia à bancarrota.

Angustiado, o chefe da família seguiu calado, tentando resolver as adversidades. Para tentar salvar a empresa da falência, João Alberto vendeu parte das ações da companhia a um empresário do ramo, Carlos, que, com o filho Raul, seria o novo sócio. Assim, João Alberto decidiu afastar-se da direção.

Muito radical e mercenário, Carlos estava se preparando para tomar a empresa das mãos de João Alberto e já planejava comprar as ações de um sócio minoritário, para, assim, deter a maioria das ações da companhia.

Raul, contudo, era um bom rapaz e tinha um caráter justo e ilibado e se opôs aos planos do pai, argumentando que João Alberto merecia mais respeito pelo momento difícil que estava enfrentando.

E, assim, os dias foram passando.

Sem perceber, João Alberto foi acometido de uma profunda depressão. O empresário, antes ativo e sempre bem-disposto, foi perdendo aos poucos a vontade de trabalhar, de conversar com a filha e a esposa e de viver. Chegara a deixar a neta, que era a luz de sua vida, de lado.

Preocupada com a crescente apatia do pai, Marlene decidiu comentar com a mãe sobre suas impressões e que, inclusive, notara um forte odor de bebida recendendo do pai.

— Marlene, minha filha, seu pai nunca foi um homem de beber. Você deve estar enganada.

— Mamãe, eu senti o cheiro por mais de uma vez. Vamos prestar atenção.

— Não posso acreditar nisso! — Emília respondeu secamente, com o propósito de encerrar aquele assunto desagradável.

Além de se entregar constantemente à bebida, João Alberto não estava mais se alimentando direito. Parecia que aquele homem trabalhador, cheio de vida, estava morrendo aos poucos.

Mesmo acreditando que Marlene estava equivocada em relação ao pai, Emília procurou João Alberto para se certificar de que estava tudo bem. Ela não era uma má esposa, contudo, incapaz de lidar com situações que fugiam ao seu controle, preferia trancar-se em seu mundo de aparências, ignorando, muitas vezes, as agruras da própria família. Assim acontecera na ocasião da gravidez de Marlene e agora com a doença do marido.

❧

O tempo corria sem tréguas, indiferente às aflições da família de Marlene.

Preocupado com a saúde de João Alberto, Raul resolveu procurar Emília e colocá-la a par de tudo o que estava acontecendo. Resoluto, o rapaz dirigiu-se à casa do sócio e foi recebido com surpresa pela matriarca da família Fiorucci, que não atinava na razão daquela visita.

Em poucas palavras, Raul contou a Emília sobre a ausência constante de João Alberto na empresa.

Os dois conversavam tão entretidos na sala de estar que não notaram a chegada de Marlene ao recinto. A moça ouviu as últimas palavras do rapaz e, atônita, perguntou:

— Raul, meu pai sempre cuidou da empresa com muito zelo. O que está acontecendo?

— Não sei lhe explicar a razão, mas ele pouco fica lá e não administra mais nada. Parece desgostoso da vida.

Marlene, então, baixou a cabeça e começou a chorar, culpando-se por tudo. Intimamente, a moça acreditava que o fato de ter engravidado e de estar criando Maria Helena sem um pai era o motivo do desgosto de João Alberto. Vendo a filha cabisbaixa, Emília abraçou Marlene e disse:

— Calma, filha. Vamos resolver tudo isso!

João Alberto não soube sobre a visita de Raul, pois Emília havia pedido para que ele não contasse a ninguém.

Emília começou a observar melhor o marido e notou que ele, frequentemente, cheirava à bebida. A mulher, contudo, resolveu se calar.

Certo dia, Emília foi acompanhar Marlene ao médico e, quando mãe e filha retornaram a casa, encontraram João Alberto deitado no sofá da sala, completamente embriagado. Emília até tentou falar com o marido, mas, como ele não conseguia pronunciar qualquer palavra, Marlene disse:

— Mamãe, não adianta falar nada agora. Papai está sem condições de conversar no momento.

— É... você tem razão, minha filha.

João Alberto acordou tarde da noite vomitando muito. Envergonhado, ele nem sequer conseguia olhar para a esposa, pois ela sempre o vira como um homem muito forte.

No dia seguinte, Marlene pediu a Emília que a deixasse a sós com o pai. Decidida a dar um basta naquela situação, a moça dirigiu-se ao pai:

— Papai, podemos conversar um pouco?

— Sim, filha.

— O que está acontecendo com o senhor?

— Nada, minha filha. Estou cansado e me excedi um pouco. Precisava relaxar e recorri à bebida.

— Pai, pelo amor de Deus, o senhor consegue entender que só se prejudicará com isso? Sei que vem abandonando tudo e me sinto culpada por essa situação.

— Marlene, se existe um culpado, sou eu, filha. Nada do que está acontecendo tem a ver com você. Eu fracassei!

— Papai, vamos resolver tudo! Quero estar ao seu lado! Espero que confie em mim. Sei que errei, mas estou com meus pés no chão e vou ajudá-lo.

João Alberto não queria aceitar a ajuda da filha, pois acreditava que o sustento da família era responsabilidade do homem. Além disso, como deixaria o preconceito de lado e consideraria receber o auxílio de uma mulher? Infelizmente, ele atribuía para si um fardo muito grande e não era capaz de entender que homens e mulheres são igualmente competentes e capazes de gerir um negócio. Por fim, vencido pelo cansaço, respondeu:

— Está bem, minha filha.

João Alberto, então, revelou a Marlene que muitas vezes sentia que não estava sozinho e pensava muito no pai, Moisés, que perdera tudo na bebida e jogatina. Desesperado, o homem confidenciou à filha que também estava jogando e bebendo em demasia e que se afastara da empresa.

O pai de Marlene sentiu-se aliviado após conversar com a filha, pois havia muito tempo que estava guardando todos aqueles problemas, o que lhe causava um profundo mal-estar. Aquele momento foi de união e muita cumplicidade entre os dois. Pai e filha abraçaram-se e ali, sem palavras, selaram um pacto de lealdade: sempre contariam um com o outro, independente da situação.

No dia seguinte, Marlene acordou e foi procurar o pai. Resoluta, ela tomara uma decisão. A moça pediu permissão a João Alberto para ajudá-lo na administração da empresa. O pai, apesar da conversa que tiveram na noite anterior, ainda relutou um pouco, mas acabou aceitando que Marlene fosse trabalhar na companhia.

Marlene pediu a Emília que cuidasse de Maria Helena para que ela pudesse trabalhar.

— Marlene, minha filha, estou muito feliz! Fique tranquila! Terei uma grande alegria em cuidar de minha neta.

— Mamãe, fique sossegada. Cuidarei do papai e da empresa. Tudo dará certo. Ele precisa de minha ajuda.

A moça decidiu, por ora, não contar a Emília que João Alberto, além de ter desenvolvido dependência ao álcool, estava viciado em jogo. Aguardaria um pouco mais. Ela tinha certeza de que a solução viria em breve, sem ter de preocupar ainda mais a mãe.

E assim Marlene começou a trabalhar na empresa. Inspirada por amigos de luz, a moça orava bastante para que tudo se resolvesse da melhor maneira.

No início, Carlos não viu com bons olhos a presença de Marlene na empresa, mas a moça era muito amável e foi conquistando, aos poucos, até as pessoas mais difíceis. O sócio de João Alberto, antes turrão e mal-humorado, abrandou o coração e aceitou a moça de bom grado.

Conforme o tempo foi passando, Raul e Marlene passaram a conviver de forma muito harmoniosa. Afinados, os dois jovens trouxeram boas ideias ao negócio e, com felicidade, acompanharam o crescimento da empresa.

Já se passara quase um ano desde os últimos acontecimentos, e Marlene continuava auxiliando o pai na administração da empresa. Em paralelo, João Alberto decidira buscar tratamento especializado para se curar do vício da bebida e do jogo.

Marlene tornou-se uma grande amiga de Raul, que lhe confidenciara que era homossexual e tinha um relacionamento estável com Roberto havia mais de três anos. Os dois se amavam muito e planejavam morar em Portugal. Os pais de Raul jamais desconfiaram de algo, e Marlene era a única que sabia de tudo.

— Raul, gostaria que você batizasse minha filha.

— Marlene, eu não acredito! Claro que aceito o convite! Que felicidade! Amo Maria Helena!

— Que maravilha! Os padrinhos serão você e minha prima Judite.

A menina estava crescendo a olhos vistos e, a cada dia, tornava-se mais bonita. Júlio, em espírito, foi muitas vezes visitar a filha, e a presença dele era sentida por Marlene. Todavia, a moça não contara nada a Maria Helena sobre o pai, pois a garotinha ainda era muito nova.

CAPÍTULO 12

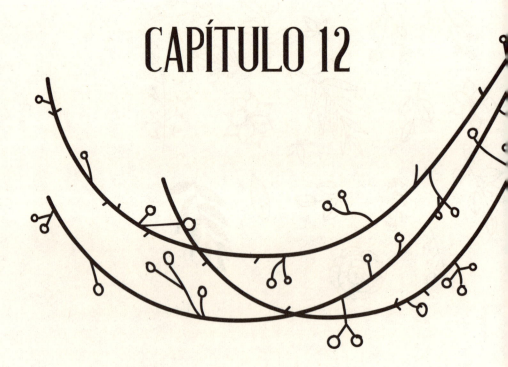

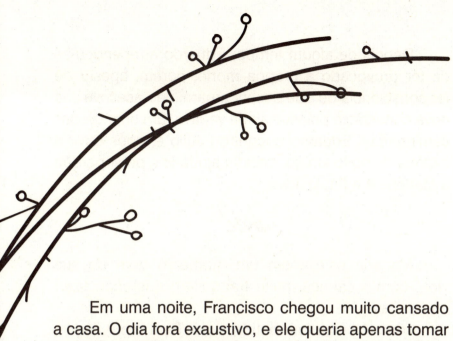

Em uma noite, Francisco chegou muito cansado a casa. O dia fora exaustivo, e ele queria apenas tomar um bom banho e ir direto para a cama, pois já fizera uma refeição rápida na rua.

O rapaz já estava deitado, quando uma inquietude começou a tomar conta de si. Rolando de um lado para outro da cama, Francisco não conseguia conciliar o sono.

De repente, Francisco sentiu um cheiro muito forte de bebida em seu quarto, mas achou que era apenas impressão. Mal sabia o rapaz que era Júlio que chegara ali acompanhado de Eduardo, um espírito que morrera de overdose aos 22 anos.

Quando tinha nove anos de idade, Eduardo sofreu um acidente, em que acabou perdendo o pai e uma tia, Sara. Além dele, a mãe e o irmão do garoto sobreviveram, mas, desde o ocorrido, ele tornou-se rebelde. Aos 16 anos, Eduardo já trilhava o caminho das drogas e, aos 22 anos, acabou sofrendo uma overdose, morrendo sozinho em seu quarto.

Depois de algum tempo, Eduardo arrependeu-se de ter provocado a própria morte, porém, apesar de ter consciência de que desencarnara, não aceitava sua nova condição e por isso ainda vagava. Em uma dessas caminhadas, Eduardo encontrou Júlio e, após ouvir a história do novo amigo, decidiu ajudá-lo a pedir perdão a Marlene e a Paulo José.

Marlene estava em um momento bom de sua vida, com a cabeça muito tranquila e querendo fazer mudanças.

Maria Helena fora batizada por Raul e por Judite, os padrinhos escolhidos pela moça.

— Sabe, Marlene — disse Raul —, eu gostaria muito de montar meu próprio negócio e seguir outra profissão. Roberto tem me falado sobre morarmos em Portugal e venho pensando nessa possibilidade, mas não sei como a empresa ficará se eu for embora e se você sair. Como ficarão nossos pais?

— Raul, temos de ir em busca de nossos desejos e de nossas alegrias. Não podemos seguir por um caminho que já não nos realiza por causa de outra pessoa. Todos nós temos direito à felicidade, e cada um é responsável por sua realização pessoal. A saudade é natural, mas não deve ser motivo de tristeza.

— Tem razão, mas no fundo me sinto inseguro ainda, pois meu pai está envelhecendo e talvez eu tenha de assumir definitivamente a empresa. Meu irmão Rogério não quer trabalhar conosco, e a esposa dele não gosta muito de nossa família.

— Olha, Raul, na hora oportuna tudo dará certo. Confie! Tenho certeza de que você e Roberto conseguirão montar uma confeitaria em Portugal.

— Nossa, Marlene, se isso acontecesse, meu sonho se tornaria realidade. Gostaria muito de ser como você! Forte, otimista!

— Fique tranquilo. Maria Helena e eu iremos sempre visitá-los.

Os olhos de Raul encheram-se de lágrimas, pois ele considerava Heleninha — era assim que ele chamava a afilhada — uma filha.

A cada dia, Maria Helena estava mais apegada à avó Emília. A garotinha já estava andando e balbuciando algumas poucas palavras.

Com a empresa financeiramente equilibrada, Marlene desejava agora montar o próprio negócio, mas ainda não tinha em mente em que ramo gostaria de atuar. A moça planejava conversar com o pai sobre o assunto, no entanto, decidiu esperar um pouco mais até amadurecer a ideia. Ela pensava em várias coisas, porém, não tinha nada de concreto. A única coisa que queria era tomar definitivamente as rédeas de sua vida e criar Maria Helena.

João Alberto, por sua vez, estava muito dependente da filha. Marlene tornara-se o braço direito do pai na empresa, o que a deixava muito preocupada, pois a moça se sentia dividida entre continuar trabalhando com ele e encarar a independência de abrir o próprio negócio.

Certo dia, conversando com Raul, Marlene conseguiu chegar a uma conclusão:

— Posso arrumar outra pessoa para ser o novo braço direito de meu pai! — disse Marlene.

— Claro, mas isso não é tarefa muito simples, Marlene, pois seu pai não é uma pessoa muito fácil de lidar e tem suas manias. Você, sendo filha dele, já está acostumada com o senhor João e o entende bem. Eu tenho meus sonhos, mas Roberto e eu podemos aguardar mais um pouco para realizá-los. Se precisar, posso ficar mais um tempo na empresa. O importante é que você consiga resolver sua vida.

— Ai, Raul, você é um irmão para mim! Nem sei como lhe agradecer por tudo o que tem feito por nós. Graças a você, a empresa não foi à bancarrota. Sabe que lhe serei eternamente grata, não sabe?

— Querida, eu que lhe sou grato por me deixar fazer parte de sua vida e da de Heleninha. Eu a admiro muito por toda a força que tem. Quantos desafios não tem enfrentado, hein? Você enfrentou o horror de um sequestro, a responsabilidade de criar uma filha sozinha em nossa sociedade e, depois de tudo, ainda teve de ajudar seu pai a reerguer a empresa de onde vem o sustento da família! Menina, você carrega em si a força da vida! E ninguém conseguirá tirar isso de você!

Raul abraçou Marlene amorosamente como um irmão que acolhe uma irmã entre os braços, e, com os olhos rasos d'água, a moça deu livre curso às lágrimas que teimavam em brotar. Eram, contudo, lágrimas de uma felicidade incontida, de saber que, apesar de todas as dificuldades, a vida, com sua força grandiosa, sempre encontra caminhos para florescer.

CAPÍTULO 13

 A vida é como um quebra-cabeça. Muitas vezes, nada parece fazer sentido até que alguém pega as peças soltas e as coloca em seu devido lugar. Deus sempre faz esse papel e, aos poucos, com Sua mão de pai amoroso, ajuda os filhos a montar esse grande e complexo quebra-cabeça que é a vida, fazendo tudo se encaixar e tomar forma. E, quando menos esperamos, o caminho a trilhar nos é revelado, bastando que sigamos com fé e esperança os desígnios do Alto.

 Emília recebeu a visita de Juliana, filha de seu irmão Osmar. A moça estava de casamento marcado e foi entregar o convite para a tia e para os demais familiares.

 — Juliana, que felicidade! Ah, minha sobrinha! É claro que iremos! Marlene ficará muito feliz com essa notícia.

 — Tia, como estão Marlene e Maria Helena? Gostaria muito de vê-las.

 — Marlene foi levar Maria Helena ao médico, mas está tudo bem. É apenas uma consulta de rotina.

— Tia, sei que lhe farei uma pergunta indiscreta, portanto, não precisa me responder se não se sentir à vontade. Mas e o pai de Maria Helena? Ele não assumiu a menina?

— Juliana, minha querida, o rapaz faleceu em um acidente.

— Nossa, tia! Eu não sabia disso. Que tristeza! Meu pai não comentou nada.

— Minha sobrinha, procuramos não falar muito sobre o assunto, pois se trata de uma situação triste e delicada. Pedi que seu pai mantivesse discrição.

— Tudo bem, tia, fique tranquila. Sei também ser discreta.

Juliana era uma moça muito boa, que não abrigava maldade no coração. Apesar de não manter contato direto com Marlene, amava sinceramente a prima e torcia por sua felicidade.

∝⸙⸙

Emília estava radiante com o casamento da sobrinha, evento que definitivamente aflorara seu lado mulher, vaidoso. A matriarca dos Fiorucci vislumbrava vários modelos de vestidos para a ocasião e, eufórica, combinou com Marlene de saírem para comprar cortes de tecido para que a modista fizesse um lindo traje para cada uma delas.

As duas mulheres marcaram de sair às compras no fim de semana e foram ao centro da cidade para procurar os tecidos. Elas entraram em uma loja muito conhecida por vender tecidos refinados, que rendiam vestidos de ótimo caimento.

Mãe e filha estavam tão entretidas com a tarefa que só tiveram a atenção despertada quando ouviram alguém chamando por Marlene. Surpresa, a moça olhou para o lado, mas não reconheceu ninguém.

— Oi, Marlene, não está me reconhecendo? Sou eu, Lourdes Moreira. Lembra-se de mim?

Lourdes era uma amiga de infância de Marlene. As duas haviam estudado no mesmo colégio e eram bem próximas na meninice.

— Nossa, Lourdes! É você? É claro que me recordo! Desculpe não a ter reconhecido, mas você está tão diferente! O que faz por aqui?

— Vim escolher alguns tecidos! — a moça respondeu alegremente.

As duas moças conversaram um pouco e marcaram um café dali a alguns dias.

No caminho de volta para casa, Emília também se mostrava muito feliz pelo fato de a filha ter reencontrado uma velha amiga.

Lourdes, por sua vez, também se alegrara com aquele reencontro. Ela nem podia imaginar o que acontecera com a amiga nesse tempo em que estiveram afastadas.

⊰✿⊱

A semana passou depressa, e a quinta-feira chegou. Lourdes e Marlene haviam combinado de se encontrarem em uma charmosa confeitaria em um bairro elegante da cidade e estavam muito ansiosas para colocarem a conversa em dia.

Lourdes contou a Marlene que chegara da Itália havia cerca de um mês. A moça fizera um curso de estilista e, gentilmente, ofereceu-se para confeccionar os vestidos de Marlene e Emília para o casamento.

— Nossa, Lourdes, não acredito que você é estilista! Que alegria! É claro que mamãe e eu aceitaremos que você faça nossos vestidos, mas terá de cobrar pelo serviço.

— Jamais, Marlene! É um presente meu para vocês.

— Agradeço imensamente. Tenho certeza de que ficarão lindos. Você sempre teve bom gosto. Mas me conte! Como estão seus pais e seu irmão?

— Ah, minha amiga, é uma longa história... Meu pai se envolveu com a esposa de um amigo, engravidou-a e nos abandonou. Foi um escândalo! Minha mãe quase enlouqueceu, e eu tive de amadurecer antes do tempo, pois ela entrou em uma depressão profunda. Foram momentos muito difíceis. Tive de cuidar sozinha de meu irmão Maurício. Após seis anos que meus pais estavam separados, minha mãe teve câncer de pulmão e partiu. Restamos apenas meu irmão e eu. Poucas vezes, meu pai foi nos visitar. Ele teve uma filha, Beatriz, e, por alguma razão que até hoje não compreendo, parece ter se esquecido dos filhos do primeiro casamento. Acho que decidiu se concentrar na nova família. Meu irmão e eu ficamos ainda mais unidos, e ele conseguiu se formar em engenharia. Maurício se casou e teve um filho lindo. Eu, por fim, resolvi ir para a Itália para me aperfeiçoar em minha profissão, pois desejo abrir um ateliê.

— Nossa, Lourdes... nem consigo imaginar por quantas dificuldades você passou, minha amiga. Sinto muito por sua mãe. Me lembro das vezes em que ia à sua casa, e ela sempre me acolhia com carinho. Gostaria de ter estado ao seu lado para ajudá-la a enfrentar essa situação. — Marlene estava sinceramente abalada com tudo o que Lourdes enfrentara.

As moças continuaram trocando confidências. Havia tantas coisas que gostariam de compartilhar. Para descontrair um pouco, Marlene resolveu perguntar:

— Lourdes, gostaria de saber mais sobre seus planos profissionais. Você já tem algum projeto para esse ateliê?

— Bem, eu tenho buscado um local onde possa abrir meu negócio. Passei em frente a um ponto comercial em uma rua bem movimentada. Estão abrindo muitos comércios lá.

Marlene pensou um pouco e decidiu arriscar-se:

— E o que acha de ter uma sócia? Estou querendo abrir um negócio meu, mas ainda não sei em que área. Como venho tocando a empresa de meu pai, acho que sou muito boa em administrar!

— Vamos amadurecer essa ideia. Seria muito bom tê-la como sócia. Podemos tentar. Vamos marcar um café para o próximo sábado para falarmos sobre esse assunto?

— Claro! Combinado, então!

As amigas conversaram um pouco mais. Estavam felizes e cheias de planos para o futuro.

Quando Marlene chegou a casa, estava eufórica. Sem perda de tempo, ela queria contar para a mãe todas as novidades sobre seu encontro com Lourdes.

— Mamãe, você não vai acreditar no que tenho para lhe contar.

— O que foi, filha?

— Lourdes fará nossos vestidos para a festa de casamento da Ju! Ela se formou em moda, é estilista e foi para a Itália se especializar. Lá, ela aprendeu muito sobre moda! — Marlene estava tão animada que nem esperou a mãe responder. — Agora, mãe, a melhor parte! Estamos pensando em abrir um ateliê juntas!

— Filha, que coisa boa. Mas e seu pai?

— Calma, mãe, eu ainda vou conversar com papai. Raul está lá na empresa, cuidando de tudo, e papai o considera como um filho. Vai dar tudo certo!

— Sim, filha, eu acredito e confio muito em Raul. Estou muito feliz por ver que a vida as uniu novamente. Me lembro muito bem de quando vocês eram crianças e faziam tudo juntas. Que saudades desse tempo!

Mãe e filha continuaram tecendo projetos para o futuro. A paz, finalmente, voltara àquele lar. Os desafios foram enfrentados com disposição pela família, que prosseguia firme no caminho do progresso.

Alguns dias depois, Maria Helena acordou com febre. Emília, diante da situação, decidiu avisar Marlene, que já saíra para o trabalho.

— Mamãe, o que houve com Maria Helena?

— Ela acordou queimando de febre, filha. Temos de levá-la à doutora Elza.

A moça saiu às pressas da empresa e retornou para casa para encontrar a mãe. Juntas, elas dirigiram-se ao consultório da pediatra que acompanhava o desenvolvimento de Maria Helena desde os seus primeiros dias de vida.

Durante a consulta com a doutora Elza, Maria Helena começou a ter uma crise de vômito, e a pediatra, avaliando alguns sintomas presentes na paciente, pediu que Marlene e Emília levassem a garotinha ao hospital para que fosse submetida a alguns exames. A médica suspeitava que Maria Helena estivesse com meningite.

Emília desesperou-se. A avó mal conseguia falar, tamanha sua aflição frente ao quadro clínico da neta. Marlene, mais prática, tomou a frente da situação e, às pressas, dirigiu-se ao hospital indicado pela médica.

Aqueles minutos foram por demais aflitivos para as duas mulheres. O que aconteceria a Maria Helena? Dentro de um táxi, mãe e filha mantiveram-se caladas, orando.

Quando, finalmente, chegaram ao hospital, Maria Helena foi atendida por doutor Adilson, um excelente médico, com cerca de trinta anos de carreira. Experiente, o pediatra percebeu de pronto que o caso era sério e, sem perda de tempo, encaminhou a criança para os exames.

A situação era delicada. Após os resultados, as suspeitas confirmaram-se: Maria Helena contraíra meningite, e o caso da garotinha era grave. Rapidamente, colocaram a paciente num quarto, em isolamento, onde não poderia ter contato com a família. Somente a equipe de médicos e enfermeiros tinham acesso a ela.

Emília começou a chorar, pois tinha perdido uma irmã com meningite quando tinha apenas oito anos de idade. O desespero da mulher era tão grande que os médicos precisaram medicá-la.

Marlene não sabia o que fazer. Quando finalmente se acalmou um pouco, avisou João Alberto e Raul

195

sobre o grave quadro de saúde da menina. Preocupados, os dois homens dirigiram-se ao hospital e, juntos, enfrentaram horas de dor e angústia. Nesses momentos de aflição, conectar-se com a espiritualidade é a melhor solução. Ao colocarmos nas mãos de Deus os problemas que não podemos resolver, afirmamos, humildemente, que acreditamos no poder dEle e contamos com Sua compaixão para nos dar o conforto de que necessitamos.

Inspirado pelos amigos de luz, Raul levou Emília à capela do hospital para que ela se acalmasse, e, juntos, fizessem sentida prece pelo pronto restabelecimento de Maria Helena.

O rapaz era muito amoroso e condoía-se sinceramente com a dor daquela família. Com a oração, Emília sentiu que a fé do seu coração se fortalecia e, aos poucos, foi tomada por uma grande paz interior.

Nos dias que se seguiram, a família tornou-se mais confiante, pois Maria Helena começou a reagir aos medicamentos e foi transferida para o quarto, o que indicava que a garotinha já estava fora de perigo.

Nas horas de aflição, a providência divina sempre nos envia bons amigos para nos apoiar. São pessoas comuns, mas dotadas de um grande desejo de ajudar ao próximo, partilhando de seus bons sentimentos com os mais necessitados.

Foi assim que surgiu Mercedes, uma amiga da família, muito espiritualizada, que se ofereceu para acompanhar Marlene ao hospital.

Lá, as duas mulheres iniciaram uma comovente prece. Nesse momento, Mercedes sentiu um arrepio que tomou conta de seu corpo. Era Júlio que se aproximava.

Incomodada com aquela sensação, a mulher pediu que ele se afastasse.

Mercedes, sem saber de quem se tratava, comentou com Marlene sobre a presença de um homem ali.

— Dona Mercedes, esse homem talvez seja o pai de Maria Helena, Júlio, que morreu em um acidente. Foi ele quem mandou me sequestrar. Nunca admitiu que eu estivesse grávida.

— Marlene, ele está muito perturbado. Esse rapaz precisa de ajuda.

— Mas, dona Mercedes, o que posso fazer por ele?

— Olha, minha filha, isso é prejudicial a você e à sua filha. Ele não pode ficar vagando por aí. Sei que talvez o que eu diga seja contra seus princípios, porém, preciso esclarecê-las sobre as verdades da vida espiritual. Você sabe que faço parte de um grupo que realiza sessões de desobsessão. Nem sei como lhe dizer, mas seria muito bom que fosse até lá para ajudarmos esse rapaz a libertar-se.

— Dona Mercedes, eu até gostaria de ir a esse local com a senhora, pois muitas vezes sinto a presença de Júlio, mas tenho muito medo.

— Marlene, você não tem motivos para temer. Somos apenas um grupo de pessoas que se dedica aos assuntos da espiritualidade. O centro conta com um dirigente, o senhor Gabriel, que já tem muita idade e muito conhecimento, e um mentor que acompanha a casa, o irmão Lázaro, que desencarnou aos 32 anos e foi advogado em sua última encarnação. Ele faleceu de câncer no intestino. Foi um espírito muito iluminado em suas missões. Doutor Lázaro, como o chamamos, sempre vem com sua equipe de trabalhadores acompanhar nossos trabalhos.

— Posso pensar um pouco antes de decidir se irei? — questionou Marlene.

— É claro que sim. Fique à vontade. Não quero que se sinta obrigada a ir à reunião. Você precisa estar de coração aberto.

⚜

Mais tarde, quando chegou a casa, Marlene comentou com a mãe sobre a conversa que tivera com Mercedes. Emília nem esperou a filha terminar de falar e prontamente disse que iria ao local, independente da vontade de Marlene. Queria ajudar Júlio a se libertar e seguir em frente.

— Vamos, minha filha! Mercedes é uma senhora muito boa, caridosa e que auxilia muita gente!

— Mamãe, eu estou com medo!

— Enfrente esse medo, pois isso ajudará a você e a Maria Helena, minha filha. Eu a acompanharei. Se precisar, podemos falar com Raul. Tenho certeza de que ele não se negará a nos acompanhar.

Mais tarde, convencida pela mãe, Marlene telefonou para Mercedes e, durante a conversa, soube que a próxima sessão no centro aconteceria na terça-feira seguinte.

⚜

Sob os cuidados da mãe e da avó, Maria Helena melhorava a olhos vistos. A criança já estava em casa, e seu rostinho corado demonstrava que o pior já havia passado.

Mesmo relutante em deixar a filha sob a responsabilidade da empregada, Marlene resolveu ir à sessão acompanhada de Emília e Raul, que, assim que soube da decisão da moça de buscar ajuda no centro, se prontificou a acompanhá-la.

Quando chegaram ao local, uma casa simples, porém muito asseada, foram recebidos com muita simpatia por Mercedes, que ficara muito feliz em vê-los. Em seu íntimo, a mulher tinha certeza de que Marlene tomara a decisão certa, pois lá ela receberia auxílio no caso de Júlio.

A sessão iniciou-se, e Marlene começou a tremer de medo. Júlio, contudo, não se manifestou. Para a surpresa de todos, uma tia de Raul, que se suicidara aos 19 anos, apareceu trazendo uma mensagem para o rapaz. A mulher pediu que ele levasse a mãe a uma sessão naquele local. Foi uma emoção muito grande, pois a família de Raul não sabia por que a jovem tirara a própria vida. Na mensagem, que fora psicografada por uma médium da casa, ela dizia:

Foi uma fraqueza atentar contra minha vida. Desde meus dez anos de idade, sentia muita depressão, mas não sabia identificar de onde aquela tristeza profunda vinha. Ao desencarnar, sofri muito até contar com a ajuda de minha bisavó. Somente muito tempo depois, percebi que havia reencarnado para superar a dor da depressão. Vim para superar, mas fraquejei novamente. Mande um abraço para todas as minhas irmãs. Fui visitar Amélia, que se encontra doente, mas ela vai melhorar. Peço que me perdoem. Um forte abraço a todos.

Raul ficou emocionado ao ouvir as palavras psicografadas da tia, e, mais tarde, quando entregou a mensagem para a mãe, ela chorou muito e disse ao filho que gostaria também de ir às sessões.

Marlene ficou chateada por Júlio não ter apareci-do. Apesar de ter sido orientada por Mercedes e de ter ouvido que havia a possibilidade de o rapaz não apa-recer naquela sessão, a moça não entendeu o motivo daquilo, já que ele vinha demonstrando querer se co-municar. "Por que, então, não aproveitou a oportunida-de?", perguntou-se.

Raul, por sua vez, não via a hora de comparecer à outra sessão no centro e comentou o ocorrido com Roberto, que também expressou desejo de conhecer o local.

No outro dia, enquanto conversavam na empresa, Marlene começou a rir depois que Raul comentou que ele e Roberto estavam ansiosos por outra sessão.

— Nossa, Raul, não acredito! Daqui a pouco, até o papai vai querer ir às sessões! — a moça riu.

CAPÍTULO 14

Alguns dias depois, Marlene e Lourdes reuniram-se novamente para tratarem de negócios. As duas amigas decidiram, por fim, que montariam o ateliê juntas. A partir daquele dia, se tornariam oficialmente sócias.

— Marlene, sugiro que visitemos hoje aquele ponto comercial de que falei. Se você gostar do local, fecharemos negócio! Acredito que esse seja o primeiro passo para abrirmos nosso ateliê. Precisamos também comprar mais duas máquinas de costura. Já tenho muitos vestidos desenhados para iniciarmos o trabalho, pois trouxe muitos croquis da Itália.

— Que ótimo, Lourdes. Vamos visitar o local o quanto antes.

— Já falei com o proprietário. Ele apenas exigiu um fiador e um depósito adiantado — explicou Lourdes.

— Quanto a isso, não tem problema. Meu pai pode ser nosso fiador. Está resolvido!

As duas moças decidiram falar com o pai de Marlene o quanto antes. Estavam ansiosas para que tudo ficasse pronto o mais rápido possível.

Marlene convidou Lourdes para irem juntas à empresa, e, assim que chegaram ao escritório, foram imediatamente conversar com João Alberto, que, muito receptivo, se interessou pelo projeto das moças. Apesar de ter desenvolvido uma profunda dependência da filha nos negócios, o patriarca dos Fiorucci entendia que Marlene estava buscando construir o próprio caminho e o futuro de sua filhinha.

João Alberto quis tratar pessoalmente com o proprietário do imóvel para tentar negociar o valor do aluguel. Marlene e Lourdes aceitaram as condições do empresário e, juntos, dirigiram-se ao imóvel.

Durante a reunião com o proprietário do imóvel, as duas moças expuseram a questão de que o local necessitava de muitas reformas, então, depois de muita negociação, ele aceitou baixar o valor do aluguel por um ano. O contrato, então, foi fechado.

Alguns dias depois, a reforma do imóvel foi iniciada. Marlene tinha bom gosto para decoração e dedicou-se a cuidar da escolha de móveis, tintas e de algumas peças de decoração para compor um ambiente aconchegante e refinado para o ateliê. Durante algumas semanas, as sócias trabalharam arduamente para que o local ficasse de acordo com o planejado. As moças escolheram o nome Ateliê de Marias, e uma placa ricamente confeccionada foi afixada na fachada do imóvel.

A festa de inauguração foi um sucesso, pois as ideias que Lourdes trouxera da Europa tornaram o local singular. Quase não havia ateliês daquela magnitude na cidade.

Pouco depois da inauguração do espaço, as encomendas começaram a chegar. Lourdes desenhava, cortava e confeccionava as peças, e Marlene cuidava da administração. Quando as encomendas começaram a se multiplicar, as duas mulheres decidiram pela contratação de uma ajudante, e Deise foi a escolhida. A jovem era muito capacitada e demonstrava muito interesse em progredir profissionalmente.

Já se passaram algumas semanas desde a inauguração do Ateliê das Marias, e o inverno chegara com força na cidade. A temperatura caíra muito, e a alta classe carioca precisava renovar o guarda-roupa. Dessa forma, não havia mais espaço no local para tantas encomendas.

Uma tarde, enquanto trabalhavam com afinco, as duas sócias conversavam:

— Marlene, acho que não vamos dar conta. Somos apenas nós três, e temos muitas encomendas. São tantos detalhes.

— Lourdes, podemos contratar mais uma ajudante com um pouco mais de experiência. Você acha que devemos colocar um anúncio no jornal ou buscar alguém por meio de indicação?

— Acho melhor que seja alguém conhecido.

Deise, sabendo que Marlene e Lourdes estavam precisando de uma ajudante, indicou sua tia Rosângela. As sócias gostaram muito da mulher, pois, além de costureira, ela era bordadeira. Sem perda de tempo, Marlene preparou toda a documentação para contratar Rosângela, que não cabia em si de felicidade. E, assim, o ateliê foi evoluindo e crescendo a cada dia.

Em uma tarde qualquer, entrou no ateliê uma jovem mulher, que começou a conversar com Lourdes.

— Boa tarde, estou precisando de um vestido de inverno — e começou a olhar os casacos prontos que estavam em exposição. A moça ficou tão encantada com as peças que pediu a Lourdes que também lhe confeccionasse um casaco. — Quantas peças lindas! Preciso trazer minha mãe aqui. Ela vai enlouquecer.

— Desculpe, qual é seu nome?

— Renata.

— Seja bem-vinda, Renata! Meu nome é Lourdes. Sou a estilista do ateliê.

Nesse ínterim, Marlene entrou no local trazendo os tecidos que comprara e, ao deparar-se com Renata, perguntou:

— Nossa! Você não é a Renata, irmã de Paulo José?

— Sim, sou eu! Como vai? Faz muito tempo que não a vejo. Você é Marlene, certo? Como estão as coisas?

— Sim, sou a Marlene. Estou bem! Sou sócia deste ateliê.

— Marlene, desculpe-me se estiver sendo inconveniente, mas ouvi por alto o que aconteceu a você. Sabe como é... as pessoas comentam. Bem, não sei se está a par, mas, quase na mesma época, meu irmão sofreu um atentado, então, resolvemos nos afastar um pouco da vida social. Paulo José foi para o interior cuidar da fazenda de papai, contudo, já está retornando ao Rio de Janeiro, pois vendemos a propriedade. Ele auxiliará nosso pai nos negócios da família.

— Fico feliz em saber que vocês estão bem. E seu irmão já se casou?

— Que nada, Marlene. Ele tem medo de aliança. Mamãe e eu gostaríamos muito de vê-lo casado, mas até agora ele não quis saber de casório. Meu pai esteve muito doente, por isso, resolvemos vender a fazenda, e, assim, Paulo José ficará mais próximo da família.

— E você, Renata? Se casou?

— Ainda não. Estou noiva de Marcos e pretendo me casar no próximo ano. Acabamos comprando uma linda casa, mas que exigiu muitas reformas estruturais e atrasou muito nosso casamento. Decidimos, então, fazer tudo com calma, mobiliar a casa sem pressa. Marcos é maravilhoso e me ajuda muito com minha família. E você, Marlene, já se casou?

— Não. Eu tive uma filha. Depois de toda a tragédia, não tive coragem de encarar mais um relacionamento. Minha vida resume-se ao meu trabalho, à minha casa, à minha filha e aos meus pais.

— Marlene, gostaria de conhecer sua filha! Temos que tomar um café juntas. Minha mãe vai gostar muito de saber que nos encontramos.

— Por mim, tudo bem. Traga sua mãe aqui para conhecer o ateliê.

— Claro! Como lhe disse, minha mãe vai enlouquecer com as peças que vocês têm aqui! Ela adora comprar roupas — e deu uma gargalhada.

— Renata, desculpe-me se estiver sendo indiscreta, mas o que houve com seu pai?

— Ele foi submetido a uma cirurgia, na qual foram retiradas duas hérnias. Após o procedimento, meu pai apresentou complicações pós-operatórias. Pensamos que ele não resistiria, e, depois disso, papai nunca mais foi o mesmo.

— Nossa, que tristeza! O senhor Dionísio sempre foi tão forte.

— Sim, Marlene, meu pai sempre foi muito bem-disposto. Resolveu muitos casos complexos, comprou uma fazenda e fez muitos negócios para investir o que havia ganhado na advocacia. Meu pai é meu tudo!

Nesse momento, Renata começou a chorar, e Marlene abraçou-a com ternura e disse:

— Calma, Renata, ele voltará a ser aquele homem forte de sempre.

— Nossa, eu aqui chorando, e você, que passou por tantos problemas, está tão forte, me consolando! Me desculpe, Marlene.

— Renata, estamos nesta vida para aprender e temos de caminhar com Deus à nossa frente.

As duas mulheres despediram-se, e Renata foi embora.

Marlene, então, desabafou com a sócia.

— Lourdes, meu Deus, eu tenho que lhe contar algo, porém, estou envergonhada por relembrar essa história após tanto tempo.

— Por Deus, Marlene! Somos amigas. Acha que eu a julgaria por algo?

— Não, sei que não. Enfim... quando estava namorando Júlio, tivemos uma briga, nada sério, apenas uma briga de namorados... logo após essa discussão, fui a uma festa, encontrei alguns amigos de Júlio e bebi além da conta, algo que nunca havia feito antes. Então, acabei... ai, meu Deus, como posso lhe dizer isso? Bem... me entreguei a um dos amigos dele: a Paulo José. Foi apenas uma vez, e nunca conversei com ele sobre o que aconteceu entre nós. Acredito que ele também tenha se sentido culpado por trair o amigo. Sei que minha filha é de Júlio — disso eu não tenho dúvidas —, mas desconfio que Júlio ficou sabendo dessa dupla traição e tentou matar Paulo José.

Marlene fez uma pausa antes de continuar:

— As coisas ficaram mal resolvidas entre os envolvidos. Quando soube que Júlio foi o mandante do meu sequestro, fiquei arrasada. Além disso, nunca soube o que ele pretendia fazer comigo, que fim daria em mim. Talvez tentasse me matar, não sei. Desconfio de que ele tenha tentado matar Paulo José.

— Você acha que ele seria capaz de fazer isso?

— Lourdes, Júlio foi capaz de mandar dois homens me sequestrarem, me manterem em cativeiro, sabendo que eu estava carregando no ventre um filho dele. Você acha que não seria capaz de atirar contra o amigo, sabendo que ele traiu sua confiança? Eu realmente acredito que Júlio tenha sido o responsável pelo atentado e que Paulo José saiba disso, mas não quis entregar o amigo à polícia porque se sentia culpado pelo ocorrido.

— Marlene, eu estou chocada! Não fazia ideia de tudo isso!

— Tenho vergonha de meu passado e de minhas fraquezas, Lourdes...

— Querida, nem posso imaginar o que você tem passado durante todo esse tempo, guardando esse segredo a sete chaves, sem poder se abrir com ninguém.

— Realmente, foi tudo muito triste, Lourdes. Minha filha nasceu, porque Deus e o mundo espiritual permitiram.

— Marlene, você precisa refazer sua vida, se casar, construir uma família e, quem sabe, até ter mais filhos.

— Minha amiga, nem me imagino retomando minha vida amorosa. Tenho muito medo e, além disso, não estou mais sozinha. Depois do nascimento de Maria

Helena, passei a temer me relacionar com alguém e expor minha filha. Penso principalmente em meus pais, pois eles sofreram muito por causa de meus erros. Ainda não consigo me perdoar por tudo o que fiz.

— Marlene, a vida é feita de erros e acertos. Se você agiu daquela maneira é porque não conhecia outra forma de lidar com a situação. Não se julgue tão duramente. Você mudou e hoje cuida de sua filha e de seus pais com muito zelo. Está mais madura agora. Abra seu coração e permita que a felicidade faça morada em sua vida. Dê uma nova oportunidade para o amor.

As palavras de Lourdes calaram fundo na alma de Marlene. A moça estava certa. Ela errara, mas aprendera a lição. Dali para frente, tudo seria diferente.

CAPÍTULO 15

Alguns dias passaram-se desde os últimos acontecimentos, e Marlene mantinha-se firme no propósito de cuidar da família. A moça empenhava-se na criação de Maria Helena, auxiliando a filha no desenvolvimento de bons valores morais para que, no futuro, se tornasse uma pessoa justa e de bom caráter. Marlene, a cada dia, entendia que viver na Terra era um presente de Deus, uma oportunidade de burilar o espírito visando à busca do crescimento interior, e que as adversidades, as doenças, os problemas que encontrava e ainda encontraria nesse caminho eram como lições para o aprendizado dela. Era difícil aceitar as aflições, mas, com fé em Deus, Marlene conseguiria tornar o fardo mais leve.

Naquela manhã, enquanto a família se alimentava, Marlene notou que, ultimamente, o pai reclamava de um cansaço constante. Parecia-lhe que João Alberto perdera a vontade de viver e a alegria de brincar com a netinha.

Em decorrência da crescente apatia de João Alberto e como Marlene estava em processo de desligamento da empresa — porque decidira se dedicar exclusivamente ao ateliê — Raul precisou assumir mais ativamente a companhia, pois Carlos, o pai do rapaz, estava bastante sobrecarregado com a ausência do sócio. Dessa forma, dia a dia, Raul distanciava-se mais e mais do sonho de viver em Portugal, o que causou uma crise no relacionamento do rapaz com o namorado. As cobranças de Roberto tornaram-se constantes, pois ele não entendia que Raul o amava, mas não podia virar as costas para o pai.

Em uma tentativa de resolver a situação, Raul chamou Roberto para uma conversa para pensarem juntos em uma solução.

— Roberto, eu o amo muito e acredite que não pretendo abrir mão dos nossos planos. Entenda que estou enfrentando um dilema neste momento, pois não posso abandonar meu pai em uma ocasião tão difícil, mas também não quero prejudicá-lo. Se você quiser ir sozinho para Portugal e começar algo por lá, é claro que sofrerei, porém, entenderei sua decisão.

Roberto não sabia o que dizer ao companheiro, então, simplesmente se calou. Após alguns instantes, ele disse que precisava pensar em tudo o que estava acontecendo e que era melhor que os dois ficassem afastados por um tempo.

Raul não esperava aquela reação do companheiro e, muito triste, procurou Marlene para desabafar e pedir-lhe ajuda. Ele estava perdido e não imaginava que Roberto fosse tão insensível a ponto de não se colocar em seu lugar para juntos encontrarem uma solução para a situação.

— Marlene, preciso muito de sua ajuda! Estou completamente perdido.

— O que houve, Raul?

— Você sabe que seu pai não anda bem e que meu pai já não goza da mesma vitalidade. Diante dessa situação, não posso abandonar tudo. Muitas vezes, Roberto parece não entender o dilema pelo qual estou passando, e, ultimamente, temos discutido com frequência, o que tem atrapalhado nosso relacionamento. Eu disse a ele que, se quisesse, poderia ir para Portugal, o que foi muito difícil para mim, pois meu coração está quebrado.

— Calma, Raul. Tenho certeza de que Roberto não irá a lugar algum sem você.

— Mas, Marlene, eu não tenho o direito de pedir que ele fique. Estou me sentindo muito mal com essa situação e fico com pena dele, que também tem tantos sonhos e é tão dedicado. Às vezes, fico pensando em qual será o futuro de nossa relação. Planejamos morar juntos, contudo, sei que aqui será impossível, pois nossa família não aceitará. Em Portugal, seria tudo mais fácil.

— Raul, espere pela decisão dele antes de sofrer. Acredito que Roberto compreenderá seus problemas e o ajudará nesse momento difícil. Vocês são jovens e não estão desistindo dos seus sonhos; apenas estão adiando um pouco.

— Será que dará certo? Será que ele aceitará ficar aqui por mais um tempo?

— Eu acho que sim! E, se eu fosse você, alugaria um imóvel e iria morar sozinho. Você precisa ganhar sua liberdade, sair da casa de seus pais. Gostaria de fazer o mesmo, mas tenho Maria Helena. Como preciso sair para trabalhar, ela fica aos cuidados de minha mãe, que tem me ajudado muito.

— Você tem razão, Marlene. Preciso mesmo de um caminho, fazer algumas mudanças em minha vida, e morar sozinho talvez seja uma boa ideia. Ir para um bairro onde ninguém conheça a mim ou ao Roberto. Mas... o que devo fazer? Estou receoso, pois já disse a ele sobre ir para Portugal e fazer a vida dele sozinho.

Pensativo, Raul foi embora após conversar com Marlene. Intimamente, o rapaz questionava-se: "O que devo fazer? Será que Roberto não me ama mais?". Infelizmente, algumas pessoas, presas a dramas imaginários, transformam a própria existência em um calvário e sofrem aflições desnecessárias, acreditando que somente serão felizes ao lado de alguém, porém, apenas o verdadeiro amor traz felicidade e liberta o ser humano das ilusões. Raul ainda precisava aprender muito sobre o verdadeiro significado do amor, pois, só assim, ele se libertaria dos medos e da angústia que faziam morada em sua alma atormentada.

Sozinha em seu ateliê, Marlene pensava sobre a conversa que tivera com o amigo. A moça estava muito preocupada, pois Raul e Roberto eram seus melhores amigos, e ela não queria que nada estragasse o relacionamento dos dois rapazes, mesmo porque sabia do amor que existia entre eles.

Após pensar muito, ela decidiu ligar para Roberto e marcar um encontro para conversarem sobre o assunto. Quem sabe ele não ouviria os argumentos dela e buscaria entender melhor o companheiro?

Marlene e Roberto encontraram-se em uma cafeteria próxima ao ateliê da moça, e, após os cumprimentos, ela iniciou o assunto que precisava tratar com o rapaz.

— Roberto, me desculpe... não quero invadir sua vida nem a de Raul, mas estou muito preocupada. Ele me procurou e contou sobre a última conversa que tiveram.

Vendo que Roberto estava prestando atenção ao que ela dizia, Marlene fez uma pausa e continuou:

— Ele está muito mal, pois o ama muito e tem as melhores intenções em relação a você. Raul gostaria de morar com você, de dividirem a vida, mas ele sabe que aqui isso seria muito difícil, pois as famílias de ambos não aceitariam. Então, dei a ideia a ele de alugar um imóvel e se mudar para um canto só dele, pois, assim, as coisas ficariam mais fáceis. Sei que você está cansado de esconder o relacionamento e que, além disso, tem um sonho de montar um negócio... mas, Roberto, isso tudo pode acontecer aqui! E eu posso ajudá-los. E olha que tenho muitas ideias, hein?!

— Marlene, eu fico pensando... até quando tudo isso será assim? Não posso nem ter uma vida com quem amo de verdade, pois sei que Raul não consegue deixar os pais. Eu também tenho meus pais e sei que eles jamais aceitariam nosso relacionamento, portanto, somente em Portugal seremos livres para viver nosso amor. Sei que você tem razão e que eu talvez esteja sendo egoísta, por isso decidi dar um tempo. Não quero magoar Raul. Pensei em fazer uma viagem sozinho para relaxar e descansar minha mente.

— Acredito que seria bom para vocês ficarem afastados por um tempo, pois, assim, refletirão sobre todas essas questões. Quem sabe uma boa ideia, que agrade aos dois, não apareça? Fale com ele.

— Vou falar com ele no fim de semana. Pretendo convidá-lo para um café e contar-lhe que farei essa viagem para pensar um pouco mais sobre nós dois.

Acredito que esse seja o caminho. Obrigado, Marlene, por ser essa pessoa tão maravilhosa e por sempre tentar nos ajudar com todo esse carinho.

— Eu que agradeço a oportunidade de tê-los como amigos e irmãos. Vocês sabem o quanto são importantes para minha filha.

— Ah, nós amamos muito vocês, querida.

Roberto despediu-se, e Marlene ficou um pouco mais na cafeteria, pensando em tudo o que conversaram. A moça estava de coração partido, pois sabia que a situação era muito complicada, contudo, fez sentida prece e depositou suas preocupações nas mãos de Deus. Ele apontaria o caminho certo para Raul e Roberto.

O fim de semana passou rapidamente, e Marlene, naquela manhã de segunda-feira, decidiu chegar ao ateliê mais cedo, pois preparara um relatório de custos e gostaria de discutir algumas ações com a sócia. Entretida com essa tarefa, a moça surpreendeu-se com a visita de Raul.

— Bom dia, Marlene!

— Olá, Raul! Que bons ventos o trazem logo cedo?

— Na verdade, não são bons ventos, e sim minhas angústias. Há horas que nem sei o que fazer. Sinto um frio na barriga todas as vezes em que penso em Roberto. É como se o estivesse perdendo a cada dia que passa.

— Acalme-se, Raul. Eu conversei com Roberto. Ele me disse que, em breve, fará uma viagem para pensar em tudo o que está acontecendo. Tenho certeza de que, assim como você, ele está muito mal com toda essa situação, pois gostaria muito que assumissem o relacionamento. Roberto, no entanto, sabe que aqui isso seria impossível.

— Ah, Marlene, ele me procurou para falar sobre a viagem, mas o achei tão frio e distante. Estou com medo. E se ele chegar à conclusão de que deveria refazer a vida bem longe daqui?

— Raul, você tem que confiar nesse amor. Eu sei que Roberto o ama muito.

— É, você está certa. Não posso mais me torturar assim, pois isso está me fazendo muito mal. Vou repensar minha vida. Além do mais, sinto também que meu pai não está muito bem e não vou abandoná-lo neste momento. Seria desumano.

— Estou aqui para apoiá-lo no que precisar, Raul. Se, por enquanto, é impossível mudar de país, pelo menos pense em alugar um apartamento e conquistar sua independência. Tenho certeza de que um espaço só de vocês, um lar, será melhor para o futuro do relacionamento.

O rapaz ouvia Marlene, mas seus pensamentos estavam longe. De repente, ele perguntou à amiga:

— Marlene, o que acha de irmos ao centro espírita? Sinto-me tão calmo lá, mesmo não recebendo mensagens. Além disso, estou precisando de uns passes. Sinto-me muito carregado.

— Claro, vamos sim! O que acha de chamarmos Roberto. Será que ele já viajou?

— Não! Preciso ir só! Você pode me acompanhar?

— Vou falar com dona Mercedes que iremos até lá.

— Ótimo! Pego você aqui, no ateliê, ou em sua casa no fim do dia?

— Pode ser em casa. Quero tomar um banho antes de ir.

O dia correu sem novidades, e, ao anoitecer, Raul passou na casa de Marlene. De lá, os dois se dirigiram ao centro espírita de Mercedes.

O local estava todo iluminado, e as pessoas iam chegando aos poucos e se acomodando nas fileiras de cadeiras brancas, mantendo-se em oração. Um suave aroma de rosas inundava todo o ambiente pintado de cores claras, e, ao fundo, uma suave melodia harmonizava o espaço. Ao final das sessões, um grupo de médiuns distribuía as mensagens recebidas por meio de psicografia.

O dirigente do centro iniciou a sessão com a leitura de um trecho de *O Evangelho Segundo o Espiritismo*, e, após as explicações acerca do texto lido, Raul e Marlene receberam um passe coletivo para equilibrar suas energias.

Uma das médiuns que fazia parte do grupo era uma moça ainda jovem, que aparentava ter 23 anos. Sentada à mesa com algumas folhas diante de si, ela acabara de receber a mensagem de um jovem, cuja mãe, sentada em uma das fileiras de cadeiras brancas, estava muito emocionada.

Reinaldo, o rapaz que se comunicava por meio da médium, falecera havia três anos em um acidente. Ele e Fábio, um amigo, tinham ido a uma formatura e, inconsequentes, bebido em demasia. Fábio, que dirigia o veículo em alta velocidade, perdeu o controle do carro em uma curva e colidiu contra um poste. O condutor morreu na hora, e Reinaldo ficou em coma por 15 dias até que veio a óbito.

Marlene estava ao lado da mãe de Reinaldo, quando a senhora recebeu a mensagem. Logo depois, a médium

Simone respirou fundo e entrou em transe. A moça baixou a cabeça, estendeu as mãos na mesa e começou a chorar, dizendo:

— Me perdoe!

Ela estava sussurrando e repetindo seguidamente o pedido:

— Me perdoe! Me perdoe!

Nesse instante, Simone puxou o papel que estava à sua frente e começou a escrever atabalhoadamente.

Raul, que acompanhava toda a cena, estava com os olhos fixos na médium. Curioso, ele comentou com Marlene:

— Nossa! Quem será que está pedindo tanto o perdão de alguém?

— Deve ser para alguém que está aqui. Será que foi traição de algum marido?

Raul começou a rir da maneira como Marlene se referira ao caso, e mal sabia a moça que era Júlio quem chegara ali, desesperado para se comunicar. O rapaz estava muito fraco e, com bastante esforço, conseguiu transmitir a mensagem que desejava, cujo conteúdo Marlene saberia ao final da sessão.

Antes que Raul pudesse responder a Marlene, um auxiliar do centro pediu que o rapaz o acompanhasse, pois ele precisava receber ajuda espiritual.

No final da sessão, o dirigente do centro, de posse das mensagens, tinha a missão de endereçá-las aos seus devidos destinatários chamando um a um pelo nome. Ao pronunciar o nome de Marlene, a moça começou a sentir uma palpitação e suas mãos ficarem geladas.

Com a folha de papel nas mãos, Marlene não conseguia conter a emoção ao ler as poucas palavras encaminhadas para ela.

Marlene, me perdoe, por favor! Estou muito mal e preciso de sua ajuda! Sei que você tem um bom coração e que Maria Helena é minha filha. Quase não consigo ficar de pé. Estou muito fraco, mas preciso de seu perdão.

Ao término da leitura, a jovem estava em prantos. Marlene, finalmente, concluiu que as leis que regem o destino são perfeitas e que todos nós somos espíritos eternos, buscando o aperfeiçoamento a cada jornada terrena. Entre lágrimas sentidas, ela entendeu que a morte é apenas uma mudança de dimensão, mas que continuamos vivos do outro lado, senhores dos nossos sentimentos e escravos de nossas más inclinações.

⊱✿⊰

Mais tarde, quando já estava em casa, Marlene releu diversas vezes a carta e começou a orar. A moça queria perdoar Júlio, contudo, equivocadamente, pedia que ele se afastasse dela e de Maria Helena. Marlene ainda não estava pronta para se desprender de todo o rancor que nutria por Júlio.

Mais calma, a moça chamou a mãe e contou-lhe tudo o que acontecera na sessão e o quanto estava abalada. Emília, então, pediu que a filha aceitasse as adversidades ocorridas como lições de vida e perdoasse Júlio, sem pedir nada em troca. A mulher sentia que Marlene ainda nutria mágoas do antigo namorado.

— Mãe, sei que preciso perdoar Júlio, mas é tudo tão difícil. Ele foi muito cruel e nem pensou na criança que eu carregava. Criança que era filha dele! Aquele homem me trancafiou em um casebre no meio do nada, grávida. Eu poderia ter perdido minha filha! Não é tão simples perdoar algo assim, mãe. Além disso, tenho certeza de que ele também tentou matar Paulo José. Acha que apenas o fato de perdoá-lo vai mantê-lo afastado de mim e de Maria Helena?

— Tenho certeza de que ele se libertaria e ficaria em paz, minha filha! Por que não volta ao centro para pedir orientação? Eles vão ajudá-la, querida.

— Vou falar com dona Mercedes. Não queria incomodá-la, mas sei que a senhora tem razão. Preciso muito de ajuda, e Júlio também precisa. Tenho muito medo de que ele se aproxime de Maria Helena e a prejudique.

No dia seguinte, Marlene procurou Mercedes e foi instruída pela bondosa senhora a fazer alguns cursos para aprender um pouco mais sobre a espiritualidade e se libertar dos sentimentos negativos. O estudo, quando bem orientado, é porta de entrada para uma vida equilibrada.

Lembrando-se do amigo, Marlene pediu permissão para levar Raul aos cursos, o que foi prontamente autorizado por Mercedes, pois são as necessidades que movem os homens a assumirem as mudanças e buscarem a tão esperada hora da evolução. Para isso, é preciso abrir a mente e entender como são sábias as leis da vida, que disponibilizam todos os recursos para nosso aprendizado.

CAPÍTULO 16

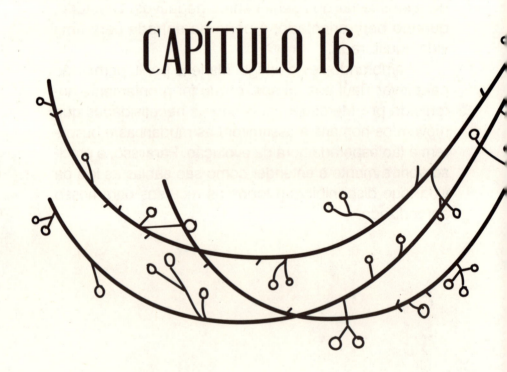

O tempo passa célere para aqueles que trabalham com afinco e mantêm a mente em atividade, cultivando pensamentos edificantes. Durante esse período, Júlio não voltou mais a fazer contato com Marlene, que, na companhia de Raul, seguia firme nos estudos sobre a vida espiritual. Aos poucos, os dois aprendiam a respeito necessidade do perdão, a importância de cultivar bons sentimentos e de se manterem sempre conectados à espiritualidade por meio da prece. Nesse processo, Marlene tornou-se mais otimista e, aos poucos, arrancou do peito o rancor, a dor e o medo, pois esses sentimentos, durante muito tempo, atuaram danosamente no espírito da moça, transformando-a em uma pessoa triste e vazia.

As aulas no centro espírita deram forças a Raul para superar muitas coisas, principalmente a decisão de Roberto de viajar para Portugal. Após o baque com a notícia, o rapaz decidiu pensar um pouco em si e finalmente se mudou da casa dos pais para um apartamento que alugara no centro da cidade. Contudo, a ansiedade pelo retorno de Roberto persistia, ainda que não soubesse se o relacionamento dos dois teria futuro. A saudade era muito grande.

Em Portugal, Roberto fazia alguns cursos relacionados à sua área de atuação. O rapaz também sentia saudades de Raul, mas estava feliz por ter saído do Brasil. Cada um, respeitando seu livre-arbítrio, estava conquistando seus objetivos e executando seus projetos de vida.

Após alguns meses, Roberto enviou uma carta para o companheiro dizendo que não sabia ainda quando iria retornar, o que gerou uma avalanche de sentimentos em Raul, que, àquela época, estava emocionalmente instável. Ele acreditava que Roberto pretendia, com essa ausência prolongada, puni-lo por não ter se mudado com ele para a Europa, oscilando, assim, entre a razão e a perturbação.

Marlene, amiga devotada, esteve presente em todos os momentos de crise de Raul, e, a cada dia, a amizade entre os dois crescia. O rapaz, querendo companhia, sempre convidava Marlene e Maria Helena para passarem o fim de semana em sua casa, assim, ele podia enganar a tristeza e desfrutar de mais tempo com a afilhada.

Em um desses fins de semana, Raul e Marlene levaram Maria Helena ao parque e depois foram a uma casa de chá muito elegante, que os três adoravam frequentar. Marlene sempre demonstrava genuína alegria ao vê-lo sorrir e dar tanto carinho a Maria Helena.

Na casa de chá, após vinte minutos de sua chegada, Marlene viu entrarem no recinto duas moças bem-vestidas. Uma delas era Renata, irmã de Paulo José. A recém-chegada não viu Marlene, que se aproximou dizendo:

— Que surpresa, Renata!

— Marlene! Nossa! Você aqui no centro da cidade! Que surpresa boa!

— Estou aqui com Raul, padrinho de minha filha. Eu a trouxe para vê-lo e para passear um pouco. E você? Veio passear também?

— Sim! Essa é minha amiga Márcia, uma excelente psiquiatra. Viemos passear um pouco, e estou muito feliz de encontrá-la, pois vou dar uma festa em minha casa para comemorar o aniversário de minha mãe e gostaria muito de contar com sua presença. Tenho certeza de que mamãe ficará feliz em vê-la. Inclusive, nós iremos ao seu ateliê para fazer nossos vestidos.

— Será um prazer, Renata. Quando será a festa? Pedirei a Lourdes que faça um lindo vestido para sua mãe. Será meu presente de aniversário.

— Não, não, Marlene! Nós fazemos questão de pagar, pois é seu trabalho. Somente gostaria de contar com sua presença. E, desde já, convido também Raul e Lourdes. Já iniciamos os preparativos, pois a festa será daqui a um mês e meio.

— Sem problemas. Quando poderão ir ao ateliê?

— Vou combinar com mamãe, mas será logo. Prometo.

As duas mulheres tomaram um chá juntas e depois se despediram. Renata adorou conhecer Maria Helena. A moça apaixonara-se pela beleza da menina e pelo fato de ser uma criança muito carinhosa.

Durante o caminho de volta para casa, Raul e Marlene conversavam.

— Ai, Raul, me deu um frio na barriga. Você sabia que Paulo José estará lá, não sabia? Como vou encará-lo depois de tudo?

— Marlene, você deve ir, afinal, já se passou tanto tempo.

— Raul, nunca falei disso com você, mas, na época em que namorava Júlio, eu já sentia algo por Paulo José. Não sei até hoje se era apenas uma atração muito forte ou algo mais... só sei que, na noite em que me entreguei a ele, me senti flutuar.

— Você me surpreendeu agora!

— Até eu me surpreendo comigo às vezes, meu amigo. Acredite!

— Então, não foi bem o álcool que a fez se entregar aos braços de Paulo José, não é mesmo?

— Eu nunca havia bebido na vida, meu amigo. Foi uma situação completamente fora do comum para mim. Eu estava brigada com Júlio e tinha ouvido as mais profundas barbaridades dele. Depois dessa briga, fui a uma festa de amigos de meu pai e acabei encontrando Paulo José por lá. Nós frequentávamos praticamente os mesmos círculos. Como eu namorava o Júlio, ele veio me cumprimentar, e ficamos conversando. Naquela noite, tomei várias taças de champanhe. Estava muito magoada... Enfim, durante a conversa, Paulo José me convidou para caminhar um pouco, tomar um ar, e foi aí que as coisas aconteceram entre nós. Ele me beijou apaixonadamente, e a única coisa que sei é que me entreguei de corpo e alma a ele naquela noite.

— Querida, você já pensou na possibilidade de que tem uma história a viver com Paulo José?

— Nossa, Raul, nem imagino isso! Por respeito a Júlio, tenho certeza de que ele jamais vai me querer. E outra! Os pais dele não me aceitariam como nora, afinal, tive uma filha com outro. Você não sabe como a sociedade funciona, meu amigo? E mais! Só irei a essa festa se você e Lourdes me acompanharem. Meu Deus, por que fui tão fraca e me entreguei a Paulo José?

— Marlene, pare de se punir por isso! Você não cometeu nenhum crime! Pare de fazer o jogo da sociedade! Já percebeu que está fazendo? Você mesma acabou de me dizer que na época em que namorava o Júlio já sentia algo por Paulo José. Talvez, vocês tenham algo a viver ainda. Entenda de uma vez que tudo na vida está certo, minha amiga. Tudo está certo. Coloque isso em sua cabeça de uma vez por todas. Você precisa seguir sua vida, pois tem o direito de ser feliz. E se essa história tiver de acontecer, ela acontecerá. E vou lhe dizer mais uma coisa: se Roberto demorar a voltar, vou seguir com minha vida! É isso que tenho aprendido nos cursos lá do centro. Não somos vítimas e todos os dias colhemos o que plantamos. Temos que dar chance ao novo, e é isso o que vou fazer, Marlene!

— Nossa, Raul, estou espantada! Você teria coragem de se relacionar com outra pessoa?

— Claro que sim! Não estou abandonando o Roberto com essa decisão, mas entendo que ele tem direito a fazer as próprias escolhas. Tenho de respeitar o livre-arbítrio da pessoa que amo. Sinto muito, mas não posso parar no tempo e ficar remoendo essa dor.

— Nem sei o que lhe dizer, meu amigo. Talvez por gostar tanto dos dois, fiquei meio atônita com o que acabou de me dizer, mas sei que tem razão. Eu também preciso rever meus conceitos e refazer minha vida. Meu medo, na verdade, é de trazer alguém para a vida de minha filha que não a ame. Sei que não devo procurar um pai para ela, contudo, preciso de alguém que a respeite.

— Sempre estarei ao seu lado e ao lado de Maria Helena, querida. Saiba que protegerei minha afilhada como se fosse um pai. Posso lhe dizer que a pessoa mais importante de minha vida, que me dá vontade de acordar todos os dias e viver, é Maria Helena.

— Raul, você é tudo para ela. Obrigada, meu amigo.

O rapaz estava emocionado com tanto carinho e, para disfarçar a comoção, mudou de assunto:

— Marlene, se for mesmo à festa da mãe de Paulo José, peça a Lourdes que lhe desenhe um lindo vestido. Eu a quero ver deslumbrante! Se Renata a convidou, é porque deseja sua presença.

— Não tenho coragem de ir a essa festa sozinha. Só irei se você e Lourdes me acompanharem.

Raul começou a rir.

— Eu vou de oferecido?

— Sim! Vai de oferecido e lindo também. Por favor, Raul.

— Hum, estou sentindo que você realmente está querendo ver Paulo José... Será que restou algo muito forte dentro de seu coração?

— Tenho muito medo de reencontrá-lo, mas é bobagem minha. Tenho certeza de que ele nem se lembrará de mim, pois já se passou muito tempo. Paulo José já deve ter conhecido outra pessoa, pois era um homem muito atraente, cobiçado e popular entre as mulheres. Não devem lhe faltar pretendentes.

— Bem, iremos à festa e veremos se ainda resta algo entre vocês dois.

— Até queria acreditar nisso, mas é melhor não alimentar esperanças. Acho que meu lado carente está imaginando coisas. Apesar de ter bebido algumas taças de champanhe, meu corpo estava desperto naquela noite e ainda tenho lembranças de tudo o que aconteceu.

Raul sorriu. De repente, o rapaz mostrou-se animado com o convite de Marlene e começou a imaginar o traje que usaria na festa.

— Eu quero ir com meu terno novo! Preciso de algo para me trazer alegria e sei que essa festa promete!

Animados e entregues à alegria daquele momento, os dois amigos continuaram tecendo planos para a festa.

❧

Dias depois, Renata e Eunice foram ao ateliê de Marlene e Lourdes para que lhes tirassem as medidas. Marlene estava presente e, com seu bom gosto, apresentou várias ideias para as clientes. Mãe e filha escolheram um modelo simples, porém sofisticado, e Lourdes começou a desenhar os vestidos.

Marlene também queria causar uma boa impressão, pois, lá no fundo, com sua vaidade de mulher, queria ser notada por Paulo José. Será que ele ainda a consideraria atraente depois de tantos anos? A moça pediu a Lourdes que lhe desenhasse um vestido elegante e não poupou recursos na aquisição de uma linda renda azul, que seria usada para a confecção do traje. Depois de tantos anos e de tanto sofrimento, Marlene estava disposta a se reconectar com a mulher que fora um dia.

❧

Animados com os preparativos para a festa, todos nem viram o tempo passar, e, quando menos esperavam, a grande data chegou.

Marlene não cabia em si de tanta ansiedade. Pela manhã, no ateliê, ela confidenciara a Lourdes que não conseguira dormir à véspera do evento e que iria para o salão de beleza depois de resolver alguns assuntos pendentes. A moça queria estar impecável para a festa.

Depois de ser penteada e maquiada no salão, Marlene voltou para casa. Estava agitada e chegou a conferir várias vezes o vestido, os sapatos e as joias que usaria na festa. Ao lado da filha, Emília apenas observava a mudança que se operara no comportamento da moça e pensou: "Marlene não está agindo com naturalidade. Será que ela está assim porque se reencontrará com Paulo José?".

Quando voltou para casa após os dias no cativeiro e de internação, Marlene decidiu contar à mãe tudo o que acontecera com ela até aquele momento. Contou-lhe sobre a briga com Júlio, a forte atração que sentia por Paulo José, a noite em que se entregara ao rapaz e a gravidez. Na época, Emília, ainda muito presa aos ditames da sociedade, teve dificuldades de entender todas aquelas situações que a filha lhe confidenciara, mas, com o passar do tempo, seu coração de mãe serenou.

Emília não nutria nenhum sentimento negativo em relação a Paulo José; só não queria que a filha se machucasse novamente. Receosa, ela fez sentida prece, pois sabia que os bons espíritos de luz velariam por Marlene.

A noite finalmente surgiu em todo o seu esplendor. As estrelas iluminavam a cidade, e uma suave brisa refrescava o clima primaveril. Raul combinara de buscar Marlene na residência da moça e de lá se dirigiriam à casa de Lourdes.

O rapaz chegou pontualmente no horário combinado e foi recebido por Emília, que o conduziu à sala de estar para aguardar a amiga.

Quando a moça desceu as escadas, todos que estavam na sala emudeceram, pois ela estava simplesmente deslumbrante. Em volta de si, a moça apresentava uma aura iluminada, que irradiava brilho por todo o ambiente. Era a felicidade que, aos poucos, retornava àquele espírito que sofrera por suas más escolhas.

Orgulhoso da amiga, Raul disse que ela seria a mulher mais linda da festa.

— Renata, você está lindíssima. Seu vestido está simplesmente maravilhoso. Não sei o que é de fato, mas vejo um brilho em você. Algo que vem de dentro, na altura do seu coração. Deve ser porque você está animada para a festa.

Marlene apenas sorriu e apressou o amigo, pois não queria chegar atrasada à festa. Os dois amigos, então, despediram-se de Emília e saíram rumo à felicidade.

✖

Quando Raul, Marlene e Lourdes chegaram à festa na casa de Renata, viram vários carros e muitas pessoas no local. Tudo havia sido preparado cuidadosamente para receber os convidados. A luxuosa residência ostentava toda a classe e todo o requinte dos proprietários.

Os três amigos comentaram sem conter a surpresa:

— Nossa, quanta gente!

— Meu Deus, não imaginei que seria essa festança!

Lourdes e Marlene contemplavam, extasiadas, todos os detalhes que compunham aquele cenário de sonhos, quando ouviram o comentário de Raul:

— Será que vou encontrar meu príncipe nesta festa? — perguntou o rapaz.

— Pare, Raul! Seu príncipe chama-se Roberto! — Marlene ralhou com o amigo.

— Não sei, mas acho que a distância fez Roberto se esquecer de mim. Então, se alguém despertar meu interesse, vou flertar, sim!

Sem perda de tempo, os três adentraram o salão ricamente decorado e cumprimentaram Eunice e Renata, que demonstraram genuína satisfação por vê-los ali. Logo depois, foram conduzidos a uma mesa onde havia plaquinhas com seus nomes e que estava posta com talheres finos, taças delicadas e belíssimos arranjos de flores. Tudo fora escolhido para atender ao gosto dos mais exigentes.

A orquestra tocava uma harmoniosa melodia, que alegrava o ambiente e embalava a chegada dos convidados. Aos poucos, o rico salão começava a ser tomado pelos mais finos e elegantes membros da alta classe carioca.

Disfarçadamente, Marlene corria os olhos em volta do salão, contudo, ainda não avistara Paulo José. Sem conter seus impulsos e tomada de uma indefinível inquietação, a moça sentia o coração quase saindo pela boca.

Após alguns minutos, Marlene, finalmente, avistou Paulo José adentrando o salão ao lado de uma moça de rara beleza. O casal sentou-se à outra mesa, próximo a Marlene e aos amigos.

Não demorou muito até que Paulo José avistasse Marlene, mas ele não se dirigiu à mesa onde ela estava sentada. Isso causou muita tristeza à moça, que alimentava a esperança de que ele não a tivesse esquecido.

Sentado ao lado de Marlene, Raul percebeu toda a situação e tentou consolar a amiga.

— Calma, Marlene, você não pode ficar tão tensa. Consigo ver a angústia em seu olhar. Vamos tomar uma taça de champanhe para relaxar, pois assim você conseguirá aproveitar melhor a festa. Veja quantos homens lindos há aqui! O que você acha, Lourdes?

— Você é terrível, Raul. Ninguém fica triste ao seu lado! Eu adorei a ideia de aproveitarmos a festa e tomarmos uma taça de champanhe.

— Será que aquela moça é namorada dele? Como ela é bonita! — perguntou Marlene.

— Logo saberemos! Quando for cumprimentá-los, ponha sua carinha mais linda!

— Raul, estou tremendo. Como sou boba... Paulo José tem todo o direito de namorar, de construir uma família, afinal, foi só uma noite. Não aconteceu nada mais sério entre nós e...

— Calma, Marlene! Nem sabemos ainda quem é a moça! Meu Deus, mulher!

— Será que estou com ciúmes? O que está acontecendo comigo?

— Com certeza, há um vulcão em erupção aí dentro. Você está descobrindo o quanto o ama.

— Será que ele vai me ignorar, Raul?

— Tenho certeza de que ele virá cumprimentá-la. O que acha, Lourdes?

— Eu percebi que ele não tira o olho daqui, e não é pra mim que ele está olhando, não é mesmo?!

— Raul, pegue mais uma taça de champanhe! Vamos brindar!

— Claro, Marlene! E por falar em brindar, vocês viram aquele rapaz ali, que está sentado com dois amigos? Esse sim já me deu umas olhadinhas! — disse Raul, dando uma risada bem gostosa para descontrair.

Nesse momento, até Marlene se rendeu à risada do amigo e decidiu aproveitar a noite.

A festa seguiu animada, enquanto Dionísio e Eunice, os anfitriões, desdobravam-se para cumprimentarem todos os presentes. Renata dirigiu-se à mesa onde estava Marlene.

— Vocês estão gostando da festa?

— Está tudo maravilhoso, Renata. Amamos a decoração, está tudo perfeito!

— Marlene, você já conversou com Paulo José?

— Não, fiquei meio sem jeito, pois ele está acompanhado. Não quero ser inconveniente.

— Aquela moça é nossa prima, filha da irmã de mamãe. Ela se chama Maristela. É um amor de pessoa. Meu irmão está fazendo companhia a ela até minha tia chegar. Minha prima está passando uns dias aqui em casa. É como se fosse uma irmã para nós.

Nesse momento, os olhos de Marlene brilharam de alegria. "Então, Paulo José não está namorando ninguém? Será que há esperança para nós?", a moça questionava-se.

De repente, a orquestra começou a tocar uma música romântica, despertando nos casais a vontade de dançar, e o salão ganhou vida. A alegria era a tônica daquele ambiente.

— Vamos dançar, minha amiga? Não é possível que você fez um vestido tão lindo e pediu que lhe fizessem um penteado maravilhoso para passar uma noite inteira sentada, não é mesmo? — convidou Raul.

— Tenho vergonha, Raul.

— Tudo bem. Daqui a pouco, essa vergonha desaparece. Vou dançar com Lourdes, então.

— Pode ir. Vou ficar olhando daqui.

Marlene permaneceu sentada à mesa, acompanhando com os olhos o casal de amigos que rodopiava pelo salão, e não notou que Paulo José caminhava em sua direção.

— Olá, Marlene. Há quanto tempo não nos vemos! Como você está linda! Posso me sentar aqui e lhe fazer companhia?

O coração de Marlene não cabia dentro do peito. Emocionada, a moça mal conseguia responder ao rapaz:

— Cla-claro que sim. Se-será um prazer! — gaguejou.

Paulo José fingiu não notar o nervosismo da moça e perguntou:

— Você me acompanha em uma taça de champanhe?

— Não sei se devo... Estou um pouco tonta, pois já tomei algumas taças. Mas tudo bem... só mais uma para acompanhá-lo.

Eles, então, entregaram-se a uma animada conversa. Em determinado momento, Marlene tentou falar sobre o passado, mas Paulo José pediu que não tocassem naquele assunto, pois o momento era de alegria.

— Marlene, vamos aproveitar a festa. Gostaria apenas de desfrutar de sua companhia. O passado ficou para trás.

— Desculpe, você tem toda a razão. Devemos apenas nos divertir — retratou-se Marlene.

— Vamos dançar? — propôs Paulo José.

— Eu não danço muito bem...

— Mas posso conduzi-la. Sou um exímio dançarino!

— Sendo assim... — respondeu Marlene, deixando-se envolver pelo momento.

Ao longe, os pais de Paulo José acompanhavam o casal rodopiando pelo salão. Dionísio não estava gostando daquela aproximação.

Mesmo envolvida pela magia do momento, Marlene notara os olhares sorrateiros dirigidos a ela. A moça, então, foi tomada de uma sensação desagradável, mas logo se recuperou e se entregou à música.

A festa seguiu, e tudo correu normalmente. Mais tarde, quando a maior parte dos convidados já havia partido, Marlene saiu do local exausta, desejando apenas regressar ao lar.

Naquela noite, foi muito difícil para Marlene conciliar o sono, pois a moça pensou em Paulo José a noite inteira.

❧

No dia seguinte, Marlene acordou cedo e decidiu que, antes de ir para o ateliê, passaria na empresa para encontrar-se com Raul.

Após cumprimentar a recepcionista, a moça dirigiu-se à sala do amigo.

— Oi, Raul, bom dia! Como você está? Gostou da festa?

— Adorei, querida! Eu me diverti muito! Só acordei com um pouco de dor de cabeça, mas acho que isso se deve ao fato de que me excedi um pouco nas taças de champanhe. Sei que você deve estar com a cabeça a mil, pois deu para perceber que Paulo José e você ainda podem viver uma linda história.

— Eu não paro de pensar nele, mas não vou procurá-lo, Raul. Ainda me sinto envergonhada por tudo o que aconteceu no passado.

— Marlene, que seja feita a vontade de Deus. Vocês, com certeza, têm algo ainda a viver juntos, e sei que ele ainda vai procurá-la. O tempo nos mostrará.

— Queria muito me dar essa chance, viver um grande amor, mas ele não vai me querer com uma filha. Além disso, pelo que percebi, a família dele não me aceitaria.

Raul e Marlene conversaram um pouco e despediram-se em seguida, pois tinham muito trabalho pela frente.

❧

E assim, nessa confusão de sentimentos que Marlene vivia, passaram-se dois meses sem que a moça e Paulo José se reencontrassem.

Em uma noite, Marlene sonhou com Júlio, que dizia para ela: "Marlene, continue sua vida. Só lhe peço que me perdoe, pois estou muito arrependido. Cuide de nossa filha. Sei que não mereço seu perdão, mas também sei que você é uma pessoa muito boa e, quem sabe, um dia, possa me perdoar..."

Júlio abraçou Marlene, que acordou por um breve momento e voltou a dormir em seguida.

Pela manhã, Marlene levantou-se e lembrou-se com detalhes do sonho que tivera, o que a deixou angustiada durante o dia. Fora um sonho muito real, e, como estava estudando a doutrina espírita, ela entendeu que aquilo na verdade fora um encontro. A moça realmente estivera com Júlio, e ele lhe pedira perdão.

Já no ateliê, Marlene contou o sonho que tivera para Lourdes, que lhe dirigiu palavras de consolo.

No final da tarde, quando Marlene já se arrumava para voltar para casa, Paulo José entrou no ateliê. A moça, então, foi tomada de uma intensa onda de emoção.

— Nossa! Que surpresa vê-lo aqui. Sente-se! Aceita um café?

— Não, obrigado. Eu gostaria de tomar um café com você, mas em outro lugar. Teria um tempinho para isso?

— Se você puder esperar um pouco... eu já estava me aprontando para sair.

— Claro. Eu a aguardo terminar o que tem a fazer.

Minutos depois, Marlene e Paulo José saíram do ateliê com destino a um charmoso café, que a moça indicara.

O local, cuja decoração remetia às cafeterias parisienses, era simples, mas de bom gosto. Quando entraram, Paulo José buscou uma mesa mais afastada para que pudessem conversar com calma. De forma galante, ele puxou a cadeira para Marlene e convidou-a a sentar-se. Após o garçom anotar os pedidos, Paulo José introduziu o assunto que o levara a procurar a moça.

Após o silêncio de todos aqueles anos, Paulo José estava resoluto. Era preciso, sim, conversarem sobre tudo o que havia acontecido. Os olhos de Marlene encheram-se de lágrimas. Havia chegado a hora da verdade. Dali para frente, se a relação avançasse, era preciso que todas as rusgas do passado fossem resolvidas.

Os dois falaram sobre Júlio e sobre as ações do rapaz. Paulo José demonstrou genuíno interesse pela vida de Marlene nos últimos anos e também quis saber se a moça estava comprometida com alguém.

— Não, estou sozinha. Durante todo esse tempo, não tive coragem de ficar com mais ninguém. Fiquei muito traumatizada com tudo o que Júlio me fez e

tive dificuldade de confiar novamente em um homem. E você?

— Eu também estou sozinho. Tive uma pessoa, mas não deu certo. Eu não a amava. Marlene, será que poderíamos nos encontrar novamente? Gostaria de conversar mais com você.

— Será um prazer estar ao seu lado — ela sorriu timidamente.

Daquele dia em diante, sucederam-se muitos encontros entre Paulo José e Marlene. A cada dia, eles estavam mais envolvidos. Era um sentimento puro, forjado pela maturidade que adquiriram em decorrência dos acontecimentos passados. Não havia mais obstáculos entre os dois, então, o inevitável aconteceu.

Um dia, aproveitando-se da magia do momento, Paulo José pediu Marlene em namoro, e a moça, emocionada e tomada de uma felicidade profunda, aceitou prontamente o pedido.

— Eu aceito, meu amor! Você não sabe o quanto esperei por isso. O quanto meu coração esperou por esse momento.

— Não foi apenas uma noite para mim, Marlene. Só não tive tempo nem oportunidade para lhe dizer isso antes. Fiquei com a consciência pesada por ter traído a confiança de Júlio, mas também não conseguia negar para mim que aquela noite havia mexido comigo. Que tê-la em meus braços tinha me marcado.

— Por muito tempo, me culpei por ter cedido a uma fraqueza, mas entendo que tudo na vida tem um porquê, querido. Talvez, se as coisas não tivessem acontecido da forma que aconteceram, não estivéssemos hoje aqui, juntos. Então, vamos olhar para o futuro, está bem? Está tudo certo na vida.

Os dois beijaram-se apaixonadamente, mas, de repente, os olhos de Marlene foram tomados de uma névoa de angústia.

— Mas... e se sua família não me aceitar, Paulo? Como faremos? Eu tenho uma filha, que ainda é pequena.

— Marlene, minha decisão já está tomada, mas fique tranquila, pois tenho certeza de que meus pais a aceitarão. Além disso, minha irmã gosta muito de você. E mais! Vou falar com seus pais e lhes pedir autorização para namorá-la.

— Ah, que gentil de sua parte! Só lhe peço que espere mais um pouco para que eu possa falar com eles primeiro. Logo mais, marcarei um jantar em casa para que possamos oficializar nossa relação.

Com os dedos entrelaçados e os olhos fixos um no outro, o casal de namorados ficou conversando amenidades. E, mais tarde, quando se despediram, Paulo José e Marlene estavam com o coração leve e certos de que dali para frente seriam muito felizes.

✦

No dia seguinte, Marlene aproveitou o café da manhã para conversar com os pais sobre o pedido de namoro de Paulo José, o que não foi muito bem recebido pelo pai da moça.

Desconfiado, João Alberto orientou a filha para que fosse mais devagar e não se entregasse de coração aberto àquele relacionamento.

242

— Pai, fique calmo. Eu terei cuidado, mas nós queremos tentar. Ele sabe que tenho uma filha e que ela significa tudo para mim.

A reação de João Alberto era de proteção. Ele preocupava-se com a filha e não queria que ela se decepcionasse mais uma vez, por isso, estava reticente. Ele não tinha nada contra Paulo José.

A moça despediu-se da família e seguiu para o ateliê, pois teria um dia repleto de atividades e marcara várias reuniões com novos fornecedores.

No fim do dia, após terminar o expediente, Marlene encontrou-se com Paulo José no restaurante preferido do casal. Após se cumprimentarem com um beijo apaixonado, os dois examinaram o cardápio e escolheram os pratos. O rapaz, sempre galante, pediu um vinho para acompanhar a deliciosa refeição.

A conversa fluía agradável entre as almas afins, e a moça, enamorada, dirigia olhares enternecidos ao rapaz. Uma música suave envolvia o ambiente.

Marlene tomou um gole do suco de laranja e disse:

— Já conversei com meus pais sobre nós, querido. Eles o convidaram para jantar em nossa casa. Está marcado para o próximo fim de semana, tudo bem?

— Claro, será perfeito!

Os enamorados continuaram trocando confidências e fazendo planos para o futuro. Sábia em suas lições, a vida premia seus alunos com a conquista da felicidade ao final da prova.

⊱✦⊰

No dia marcado, Paulo José, pontualmente, tocou a campainha da casa da namorada. Nas mãos levava um ramalhete de flores para Emília e um vinho do Porto para João Alberto.

O rapaz foi recebido com carinho e atenção pela família de Marlene, que estava linda em um vestido de cetim bordô, que realçava sua tez clara.

Reunidos, iniciaram animada palestra sobre assuntos triviais, e, após a lauta refeição oferecida pelos anfitriões, Paulo José e a família de Marlene dirigiram-se à sala de estar para apreciarem um delicioso licor de jenipapo.

Sem mais delongas, Paulo José introduziu o assunto que o levara até ali naquela noite. Respeitosamente, o rapaz expôs suas intenções em relação a Marlene e pediu aos pais da moça o consentimento para namorá-la. João Alberto e Emília prontamente abençoaram a relação dos dois e, felizes com a união do casal, propuseram um brinde para selar o compromisso firmado.

Marlene pediu licença e logo depois retornou à sala com Maria Helena, que foi apresentada a Paulo José. O rapaz não escondeu o encantamento pela linda criança, que demonstrava nos olhos muito amor. Um pouco tímida de início, Maria Helena logo se soltou e iniciou uma animada conversa com Paulo José, fazendo questão de mostrar a ele a bonequinha com que a avó lhe presenteara.

Partilhando de momentos muito agradáveis, ninguém viu o tempo passar. Quando se deu conta do adiantado das horas, Paulo José despediu-se e retornou à sua casa, feliz com o desenrolar dos acontecimentos.

Em uma manhã, quando a família estava reunida para a refeição matinal, Paulo José decidiu contar aos pais sobre seu namoro.

A mãe do rapaz demonstrou alegria pela novidade, mas Dionísio, ao saber de quem se tratava a moça, verbalizou sua contrariedade:

— Com tantas moças lindas por aí, você decidiu namorar uma que já tem uma filha, é mãe solteira? Ainda mais com tudo o que aconteceu entre vocês?

— Pai, eu amo Marlene e vou criar a filha dela como se fosse minha.

— Bem, meu filho, você já é dono de sua vida, mas isso me entristece muito. Não concordo com sua conduta.

Paulo José sentiu-se triste com a atitude do pai, mas estava seguro de sua decisão. Amava Marlene com toda a força de seu coração, como nunca amara nenhuma outra mulher, e nada impediria que eles ficassem juntos.

Após alguns dias, Paulo José convidou Marlene e Maria Helena para um lanche em sua casa. Mãe e filha foram bem recebidas por Eunice, que ficou encantada com a criança linda e educada, porém, astuta, Marlene percebeu a contrariedade estampada na face de Dionísio. Ainda que Renata tentasse amenizar a situação, o clima tornou-se rapidamente desagradável, pois uma egrégora de energias deletérias se formara no ambiente.

Após o lanche, Paulo José decidiu levar Marlene e Maria Helena para casa, e no caminho conversaram sobre o comportamento de Dionísio. Ele, contudo, não se importava com a resistência do pai a aceitar a relação,

245

pois sabia que, aos poucos, o patriarca se acostumaria com a ideia.

Intimamente, Marlene continuava muito preocupada, pois sabia o quanto Paulo José era apegado ao pai, porém, com o estudo no centro espírita, ela aprendera a confiar mais na vida e nas determinações da espiritualidade.

A natureza é feita de ciclos, que seguem leis perfeitas e harmônicas, de acordo com a passagem do tempo. É o que acontece com nossa vida, que obedece uma rota traçada pelo nosso espírito, mas que, muitas vezes, sofre ajustes de acordo com nossa necessidade de aprendizado.

Assim, aconteceu com Marlene, que, após tantos dissabores, reencontrara a rota que a levaria ao progresso, alcançando os objetivos almejados e planejando o futuro ao lado de Paulo José.

Naquele dia, o casal fazia um lanche em uma confeitaria muito conhecida quando Paulo José surpreendeu Marlene ao falar sobre casamento.

— O que você acha de começarmos a pensar em casamento? Estamos juntos há um bom tempo, e estou seguro dos meus sentimentos, meu amor.

— Precisamos amadurecer essa ideia, querido — disse Marlene. — Antes, precisamos ter nosso lar.

— Sim, você tem razão! Eu vi uma casa bem próxima ao seu ateliê. É linda e... está à venda! Quem sabe não possamos visitá-la? Tenho algumas economias guardadas e creio que tenho condições de comprar a casa e os móveis.

— Eu também venho guardando algum dinhei-ro, mas não muito, pois tenho gastos com minha filha. Acho que mal algum nos fará visitar essa casa!

— O que acha de marcarmos para a próxima se-mana? Falarei com o corretor.

— Concordo, mas, antes, precisamos conversar com nossas famílias — preocupou-se Marlene.

— Sim! Vamos marcar um jantar em minha casa para comunicarmos a todos. Tenho certeza de que mi-nha mãe ficará muito feliz com a notícia e nos ajudará muito. Tenho certeza também de que você se apaixona-rá pela casa, meu amor, pois ela tem um lindo jardim, bem do jeito que você gosta.

— Que maravilha! Você sabe que mamãe e eu amamos flores. Posso lhe pedir um favor? Eu gostaria muito que Raul estivesse presente nesse jantar, meu amor, pois ele é padrinho de minha filha e meu melhor amigo. Raul é o irmão que nunca tive.

— Claro! Eu gosto muito dele. Vamos convidá-lo. Querida, tenho certeza de que seremos muito felizes! Eu a amo e serei um ótimo pai para Maria Helena, isto é, se você permitir, pois já amo aquela menininha como se fosse minha filha e sinto que temos um afeto recíproco.

— Ela é muito apegada a você. E sinto verdadeira-mente que você será o melhor pai deste mundo.

ত৵৶৳

Paulo José ligou para o corretor e marcou a visita ao imóvel. Logo depois do horário do almoço, ele che-gou ao ateliê, e Marlene já o aguardava. Não foi neces-sário irem de carro, pois a casa estava a apenas duas quadras dali.

Marlene ficou encantada com a casa assim que a viu. O imóvel, apesar de precisar de alguns reparos, estava localizado em uma rua excelente, bem arborizada e segura.

O casal, em comum acordo, decidiu fazer uma proposta aos proprietários. Paulo José cuidaria de tudo, pois, ao longo dos anos, acostumara-se com trâmites burocráticos, auxiliando o pai nos negócios da família. Após cinco dias, ele recebeu a tão esperada resposta positiva.

Sem se conter de felicidade, Paulo José não quis perder tempo e contou a novidade à noiva:

— Marlene, tenho uma surpresa para você!

— Surpresa boa?

— Sim, muito boa! Aceitaram nossa oferta. A casa é nossa!

— Meu Deus! Que alegria, meu amor! Vamos ter um lar!

Eufórica, Marlene ligou para o escritório de Raul para contar a novidade para o melhor amigo.

— Raul, meu amigo, que saudade! Há quantos dias não nos vemos?!

— Marlene, me desculpe por estar em falta com você e com minha afilhada. Não fiquem chateadas. Estou preso no trabalho. São muitas tarefas.

— Tenho uma novidade para lhe contar.

— Fale, quero saber tudo! Qual é a novidade?

— Paulo José e eu vamos nos casar e acabamos de comprar uma linda casa, com jardim e tudo.

— Não acredito! Verdade?

Marlene começou a rir do tom de espanto na voz de Raul.

Recuperando-se do susto, o rapaz intimou a amiga:

— Então, já avise a Paulo José que sempre serei uma visita ilustre nesse lar, hein?!

— Claro! Ele gosta muito de você, e tenho certeza de que sempre o receberá muito bem.

— Estou muito feliz por vocês, pois sei o quanto sofreu. Tenho certeza de que Paulo José a fará muito feliz, minha amiga.

— Tenho outra surpresa. Vamos dar um jantar na casa dos pais dele para anunciar nossa união, e você está convidado!

— Eu irei com muito prazer! É uma honra estar ao seu lado neste momento. Obrigada, minha amiga. Mas quando será o jantar?

— Temos a intenção de marcá-lo daqui a quinze dias.

— Estarei lá com certeza. Podem contar comigo.

Os dias que antecederam o jantar foram de expectativa para Marlene e Paulo José, pois o casal estava a cada dia mais apaixonado.

Eunice, a anfitriã da casa, cuidou de todos os detalhes com muito esmero. A senhora estava realmente feliz pelo filho e desejava que tudo estivesse perfeito para receber os convidados. Ela, pessoalmente, elaborara o menu da celebração e encomendara delicadas flores para enfeitar a longa mesa de jantar. Com o coração transbordando de alegria, Eunice apenas desejava que Paulo José fosse verdadeiramente feliz.

Marlene estava especialmente bonita naquela noite. Ela caprichara na escolha do vestido de corte simples, porém com excelente caimento, que realçava o corpo bem-feito da moça. Paulo José não se cansava de elogiá-la, o que a fez a corar de alegria.

A noite estrelada estava perfeita para a comemoração de uma data tão especial, e, quando a refeição foi servida, Paulo José anunciou o enlace matrimonial, o que foi aplaudido por quase todos os presentes, exceto pelo pai do noivo, que se mostrou muito irritado com a notícia. Nada, contudo, abalou a decisão do rapaz, que estava certo de seu amor por Marlene.

A data do casamento foi marcada para dali a quatro meses, tempo suficiente para que corressem os proclamas.

Após o jantar, Marlene conversou com Paulo José sobre a decepção que notara no rosto do futuro sogro.

— Marlene, para mim isso não é novidade. Temos de compreender que, muitas vezes, algumas pessoas se acreditam senhoras das vontades alheias. Meu pai não é dono de minhas escolhas. Com o tempo, ele entenderá que você é a pessoa que escolhi para ser minha esposa e para ser a mãe de meus filhos.

— Eu entendo. Apenas não queria provocar um mal-estar em sua família.

— Deixe isso pra lá. Logo, logo meu pai a aceitará. Ele não tem outro caminho.

— Você está certo. Vamos fazer nosso melhor e colocar nossas aflições nas mãos da espiritualidade.

❧

Os preparativos para o casamento começaram, e os noivos não cabiam em si de felicidade. Após comprarem a casa, Marlene e Paulo José começaram a mobiliá-la com móveis de bom gosto, cortinas sofisticadas e muitos objetos de arte comprados nas mais elegantes galerias da cidade. Paulo José não media esforços para agradar a noiva.

Em meio ao clima de alegria, ainda que desejasse a felicidade da filha, Emília entristecia-se dia a dia, pois sofria antecipadamente com a saudade que sentiria da neta. A senhora refletiu muito sobre o assunto e decidiu ter uma conversa com Marlene, que fazia sua refeição matinal na copa.

— Bom dia, mamãe!

— Bom dia, Marlene! Se não se importa, gostaria de conversar um pouco com você.

Notando a preocupação no semblante da genitora, a moça apenas meneou a cabeça positivamente.

— Minha filha, eu lhe imploro... deixe Maria Helena comigo. Como seu pai e eu viveremos sem ela?

— Mãe, eu não vou tirá-la de vocês. Nós sempre estaremos aqui, e ela pode passar alguns fins de semana com vocês. Desejo ter mais filhos em um futuro próximo, e para Maria Helena será muito bom conviver com os irmãos.

— Eu sei, mas ela pode não se adaptar à nova rotina, pois aqui é a casa dela. Além disso, você precisa trabalhar, minha filha. Como organizará essas questões?

— Mãe, minha filha é apaixonada por Paulo José, e ele também é muito bom para ela. Maria Helena precisa de um pai, e sei que ele será dos melhores. Vamos fazer assim... posso deixá-la aqui durante o dia, e, à noite, ela volta para casa. O que acha? Dessa forma, vocês não se separam completamente dela.

Conformada, Emília anuiu:

— Sei que não será fácil, mas tenho de aceitar.

Os dias passaram depressa, e, finalmente, o grande dia chegou.

Desde cedo, serviçais corriam de um lado para outro para deixarem tudo a contento dos noivos.

O casamento foi realizado numa pequena capela frequentada pela família de Marlene em um bairro elegante do Rio de Janeiro. Os noivos nem sequer podiam imaginar que havia alguém naquele local que não fora convidado. Era Júlio, em espírito, que estava presente para assistir à cerimônia.

O rapaz ficou muito comovido ao ver Marlene e a filha. Sem conseguir se conter, ele deixou que lágrimas rolassem por sua face, como se elas pudessem lavar a terrível angústia que sentia. Nesse momento de emoção, a avó de Júlio, que desencarnara havia cerca de quinze anos, amparou-o e pediu ao neto que a acompanhasse ao astral, onde seria acolhido em uma colônia espiritual até que tivesse condições de seguir sem mágoas, tornando-se livre para estudar e trabalhar na erraticidade. Júlio, contudo, ainda não estava pronto para se libertar das amarras que ele próprio criara em torno de si. Ainda confuso pela perturbação mental em que se encontrava, o rapaz agradeceu, mas recusou o auxílio, dizendo à avó que merecia todo o sofrimento que estava enfrentando devido ao enorme mal que praticara em vida.

Após a festa, Marlene e Paulo José viajaram para a Europa em lua de mel. O casal ficou fora por cerca de quinze dias. Nesse período, Maria Helena ficou sob os cuidados dos avós para a felicidade de Emília, que era muito apegada à neta.

A viagem foi encantadora. Juntos, Marlene e Paulo José visitaram museus e igrejas, caminharam pelas praças da linda Itália e desfrutaram de jantares à luz de velas na romântica Paris. O casal, a cada dia, descobria mais afinidades. Os olhos da moça brilhavam de prazer ao contemplar o rosto do amado, e eles se admiravam mutuamente. O amor fizera morada naqueles corações imperfeitos, que, firmes no propósito de avançarem nessa jornada terrena, trabalhavam para seu melhoramento constantemente.

E, então, eles retornaram para uma nova vida juntos. Marlene retomou seu trabalho no ateliê, em que, a cada dia, se realizava como profissional, e Paulo José voltou a trabalhar com o pai, que via no filho o seu braço direito.

CAPÍTULO 17

Aos poucos, Dionísio foi se acostumando com o casamento do filho, mas ainda tinha ressalvas em relação à nora. Já Eunice, encantada com Maria Helena, pediu que a menina a chamasse de vovó, o que foi prontamente atendida pela criança.

Maria Helena, em sua inocência infantil, perguntou à avó se também poderia chamar Dionísio de vovô.

— Querida, eu a amo muito, e você pode, sim, chamá-lo de vovô... mas, se ele, em algum momento, lhe disser que não o chame assim, não fique triste, pois é o jeito dele.

Aos poucos, Maria Helena começou a aproximar-se de Dionísio. Certo dia, ela chegou ao lado dele e disse:

— Vovô, olhe a surpresa que trouxe para o senhor.

Dionísio ficou parado, sem saber como se portar perante Maria Helena.

— Qual é a surpresa, minha querida?

Maria Helena mostrou a Dionísio um desenho que ela fizera especialmente para ele. Quando a menina entregou o papel, a emoção bateu forte nesse momento, e Dionísio a abraçou dizendo:

— O vovô gostou muito, minha neta!

Dionísio passou a tratar Maria Helena como sua verdadeira neta, enchendo a menina de mimos. E, dali em diante, todos os aniversários da garotinha foram comemorados com uma linda festa.

Paulo José também estava muito apegado à criança e, com a permissão de Marlene, adotou Maria Helena. Dali em diante, ela seria oficialmente sua filha.

A família seguia unida, fazendo planos para o futuro. Somente, algumas vezes, uma sombra de tristeza cruzava o semblante Marlene, pois, mesmo casada havia algum tempo, ainda não conseguira engravidar. Seus traumas ainda eram muito grandes, mas Raul, o amigo sempre presente, dava muita força para que ela não desistisse.

❧

Marlene acordou cedo e bem-disposta. Arrumou-se com esmero e desceu para a copa para tomar o café da manhã. Àquela hora, a empregada já chegara e providenciara o desjejum. Antes que Marlene entrasse na copa, o telefone tocou, e ela atendeu-o no segundo toque:

— Filha, preciso que venha rápido aqui. Seu pai passou muito mal logo cedo, mas não quis saber de ir ao hospital. Não sei o que fazer — nervosa, Emília despejava as palavras.

— Procure manter a calma, mamãe. Em pouco tempo, estarei aí. Aguarde.

Desesperada, Marlene subiu as escadas para dar a notícia ao marido e pedir que ele a acompanhasse à casa dos pais. Antes de sair, ela deixou instruções para que a empregada cuidasse de Maria Helena.

O caminho até a casa dos pais foi de apreensão para Marlene. O que teria acontecido com João Alberto? Paulo José dizia palavras de conforto à esposa, enquanto dirigia rapidamente pelas ruas da cidade.

Ao chegar à residência da família Fiorucci, o casal assustou-se com o estado de saúde de João Alberto, que estava muito pálido e mal conseguia falar. Sem mais demora, Paulo José e Marlene conseguiram encaminhar o enfermo ao hospital.

O médico que atendeu João Alberto resolveu interná-lo após analisar os resultados dos exames. Segundo o diagnóstico, João Alberto apresentava um grave quadro de tuberculose e também complicações em decorrência do mau funcionamento do fígado. O estado do paciente era grave e exigia cuidados médicos intensivos.

Na sala de espera, o desespero tomou conta de todos, que se compraziam com o estado de João Alberto. A situação era delicada, disso não havia dúvida. O tempo arrastava-se sem que a família recebesse notícias animadoras sobre o enfermo, que, após uma semana de franca agonia, entrou em coma profundo e faleceu.

O momento era de dor profunda para Emília e Marlene, que haviam perdido seu esteio, pois João Alberto era um pai zeloso e um marido amoroso. Durante todos aqueles anos e em muitas situações, ele mantivera em segredo as aflições que lhe corroíam a alma para não causar dissabores à família.

Apesar de todo o apoio que recebia de Raul e da família de Paulo José, Marlene, nos dias que se seguiram ao desencarne do pai, foi arrebatada por uma profunda tristeza, contudo, buscou auxílio na prece sincera

257

e nas lições aprendidas no centro espírita. Aos poucos, a moça aceitou que apenas a vida terrena de João Alberto tivera um fim, mas que o espírito é eterno e que, livre do corpo carnal, ele iniciaria nova jornada rumo à evolução.

Naquele momento, urgia que Marlene apoiasse a genitora, oferecendo-lhe um ombro amigo para que ela enfrentasse a dor da separação e a saudade do convívio. Assim, a moça convenceu Emília de que o melhor a fazer seria passar alguns dias em sua casa, na companhia dela, de Paulo José e, principalmente, da meiga Maria Helena, que iluminaria seus dias tristes até que ela se refizesse.

A temporada na casa da filha fez muito bem à viúva, pois a residência era cercada por uma aura de harmonia e tranquilidade, possível somente aos lares que cultivam o amor e a compreensão entre os seus moradores. Após três meses, Emília resolveu voltar para casa e retomar suas atividades. Marlene, por sua vez, vinha conversando com Alexandre, um primo com que tinha uma relação próxima, pois gostaria que ele assumisse a empresa da família. A moça não desejava reassumir a companhia, uma vez que se sentia realizada trabalhando no ateliê.

Alexandre foi muito receptivo ao convite e pediu que a prima lhe concedesse o prazo de um mês para se desligar do emprego atual e providenciar sua mudança para a capital, já que vivia em uma cidade do interior. Feito isso, o rapaz instalou-se no Rio de Janeiro e logo começou a trabalhar na empresa. Alexandre era formado em Direito, mas entendia bastante de administração. Dessa forma, conseguiu colocar em ordem tudo muito antes do esperado.

Raul surpreendeu-se com a competência de Alexandre, e os dois se deram muito bem trabalhando juntos. Carlos resolveu afastar-se da empresa por um tempo, pois estava esgotado e desejava aproveitar um pouco a vida. E, assim, a administração da companhia ficou nas mãos de Raul e Alexandre, que alcançaram resultados excelentes no primeiro ano de gestão, conseguindo ampliar o faturamento.

Aos poucos, a amizade entre os dois rapazes fortaleceu-se, e Raul, sem que pudesse evitar, apaixonou-se por Alexandre, mas tinha medo de se declarar e afastar o amigo.

Alexandre estava morando temporariamente na casa de Emília para lhe fazer companhia, e certa tarde, a mulher, muito preocupada, ligou para Raul e pediu que ele fosse até sua casa, pois precisava muito conversar com alguém.

O rapaz, muito solícito, atendeu prontamente ao chamado da mãe de Marlene, e, ao chegar à residência, foi recebido com ansiedade pela anfitriã. Após os cumprimentos, Emília introduziu o assunto sem demora.

— Raul, por favor, preciso muito de sua ajuda, pois tenho sonhado constantemente com João Alberto. No sonho, ele sempre diz que precisa me contar algo e implora meu perdão. Não sei como agir. Acho que estou precisando ir ao centro.

— Claro, vou falar com dona Mercedes. Quem sabe a senhora não recebe uma mensagem dele?

— Fale com ela e me dê um retorno. Mas, por favor, não diga nada a Marlene.

— Pode deixar, dona Emília. Esse assunto ficará entre nós.

Após as despedidas, Raul retornou prontamente para a empresa. Lá, ele rapidamente ligou para Mercedes, que pediu ao rapaz que levasse Emília ao centro espírita na noite seguinte.

Raul estugou o passo, pois estava atrasado para seu compromisso com Emília, que o aguardava com ansiedade para, juntos, irem ao centro espírita.

Mais tarde, Raul e Emília chegaram ao centro poucos minutos antes de a sessão começar e foram instruídos por Mercedes a colocarem o nome de João Alberto na caixinha de preces. Ansiosos, os dois aguardavam por uma notícia do falecido, contudo, infelizmente, não receberam nada.

— Dona Emília, não desanime. É assim mesmo. Nem sempre a senhora recebe uma mensagem — disse Raul.

— Tudo bem, eu entendo. Marlene já me explicou algumas coisas.

Raul e Emília compareciam semanalmente às sessões do centro espírita na esperança de receberem alguma notícia, o que somente aconteceu após algumas semanas.

João Alberto estava ali, acompanhado de seu pai Manoel, pronto para ditar a mensagem que sua esposa esperava com ansiedade.

Querida Emília, estou bem e conformado com minha partida. Meu pai está aqui, junto a mim. Preciso muito lhe confessar algo.

Em minha passagem terrena, tive outra filha, cujo nome é Eloísa, fruto de um relacionamento extraconjugal. Francisca, a mãe de minha filha, era casada com um homem alcoólatra e trabalhava na empresa comigo. Acabamos nos envolvendo. Sempre tive medo de lhe revelar a verdade, pois achava que não a aceitaria. Hoje, Eloísa tem 22 anos, e eu gostaria muito que você a procurasse, pois ela precisa muito de ajuda. Peço-lhe perdão por esse segredo e por magoá-la, mas não conseguiria ter paz enquanto não lhe contasse tudo.

Com amor,
João Alberto

— Raul, não posso acreditar nisso! Só pode ser alguma brincadeira. Você sabia de algo?

— Não, dona Emília. E tenho certeza de que nem meu pai sabia disso. Apenas sei quem é essa tal Francisca. Faz cerca de três anos que ela saiu da empresa por motivos de saúde.

— Meu Deus, como contarei isso para Marlene?

— Tente ser forte mais uma vez, dona Emília. Eu a acompanharei. Juntos, falaremos com Marlene, não se preocupe. Pelo que entendi, precisamos fazer isso para que o senhor João Alberto tenha paz.

Emília, sem saber o que pensar, pranteava sua dor. A mulher sentia-se traída pelo marido, pois nunca imaginara que João Alberto pudesse agir daquele modo tão vil. Desconsolada, ela pediu a Raul um tempo para refletir.

O rapaz assentiu e acompanhou Emília à sua casa. Raul sabia que a matriarca dos Fiorucci precisaria de um tempo para aceitar aquela situação e entender que nossas ações são apenas reflexos do nosso conhecimento em determinada ocasião. Muitas vezes, guiados apenas por nossos impulsos, ferimos aqueles que nos são caros, sem intenção genuína de lhes causar danos. João Alberto errara, mas nunca é tarde para se redimir e pedir perdão. Somos espíritos imperfeitos buscando nossa redenção.

Assim, passados três dias, Emília telefonou para Raul e pediu-lhe que tentasse localizar Francisca, a antiga funcionária da empresa.

A tarefa não era difícil, pois o rapaz tinha acesso aos arquivos do departamento de pessoal. No mesmo dia, Emília dirigiu-se ao local informado por Raul.

Em frente à casa de Francisca, Emília observou que se tratava de uma moradia simples, porém digna. A fachada, caiada de branco e azul, atestava o zelo dos moradores, que, pelo jardim bem cuidado, demonstravam o gosto por flores variadas.

Resoluta, Emília bateu palmas para atrair a atenção no interior da casa. Pouco depois, uma moça veio atendê-la.

— Pois não?! O que a senhora deseja?

Assim que Emília viu Eloísa, instantaneamente imaginou que se tratasse da filha de João Alberto, pois a jovem tinha os mesmos olhos azuis do pai.

— Desejo falar com dona Francisca. Meu nome é Emília. Sou a esposa do senhor João Alberto Fiorucci.

Eloísa ficou pálida e mal conseguia falar.

— No momento, minha mãe não está. Ela foi ao médico.

— Acha que ela vai demorar muito?

— Não. Ela já deve estar voltando.

— Está bem. Vou esperar aqui até que ela volte.

— A senhora quer entrar?

— Não vou atrapalhar? Não quero incomodá-la.

Por meio de um amigo que ainda trabalhava na empresa, Francisca soube da morte de João Alberto e transmitiu a notícia à filha.

Após alguns minutos, Francisca chegou a casa, e, ao abrir a porta, levou um enorme susto quando se deparou com Emília ali, em sua sala.

— Boa tarde!

— Boa tarde, Francisca. Como vai? Desculpe-me por vir até sua casa, mas preciso muito falar com a senhora.

— A senhora é dona Emília, esposa do senhor João Alberto, certo?

— Sim, isso mesmo. Acredito que a senhora já saiba o motivo de minha visita.

— Sim, desconfio. Acredito que queira saber sobre seu marido e eu.

— Olhe... nem sei por onde começar, pois ainda estou muito chocada com o que soube, pois meu marido e eu tínhamos um casamento sólido. Pelo menos foi o que eu sempre pensei... Acredito que nunca lhe dei motivos para procurar outra mulher.

— Eu sei... ele realmente a amava muito. Tudo o que houve entre nós foi apenas uma forte atração física, não havia amor.

— Por favor, Francisca, não quero saber dos detalhes íntimos. Mas me responda: sua filha é realmente de João Alberto? Gostaria muito que você fosse sincera, pois o que se passou não tem volta, e não estou aqui para julgar ninguém. Preciso, contudo, saber a verdade.

— Então, vou lhe contar a verdade. Eloísa é, sim, filha de João Alberto, e ele sabia disso, tanto que acompanhou todo o crescimento dela e me ajudou a criá-la dentro de suas possibilidades. Nunca cobrei nada dele, pois sempre soube que João Alberto tinha uma família. Meu marido era alcoólatra, e já não tínhamos mais nada quando engravidei. Ele sabia que Eloísa não era sua filha, mas, mesmo assim, a registrou e sempre a tratou muito bem e com amor. João Alberto e eu nos encontrávamos e passávamos algumas horas juntos, mas eu sabia que jamais passaria disso. Como o amava muito, me submetia a essa relação. Quando minha filha completou 12 anos, contei-lhe toda a verdade, o que foi muito difícil, pois João Alberto sempre foi muito amoroso com ela. Nós sempre íamos passear, ainda que ela não soubesse de nada. Ele gostava muito de presenteá-la, e Eloísa acreditava que ele fosse um amigo meu. Porém, ao saber da verdade, o coração dela ficou muito dividido, pois não queria magoar o pai de criação, que a assumira como filha. Aos poucos, contudo, os dois foram se aproximando.

"Quando me separei de meu marido, João Alberto vinha vê-la todos os dias, acompanhava seus estudos, ou seja, era um pai muito presente e dedicado."

Nesse instante, Eloísa entrou na sala e pediu perdão a Emília por tudo, a abraçou e disse:

— Sei que a dor é imensa...

Francisca baixou a cabeça e começou a chorar.

— Eu fui muito fraca. Apesar de ele não me amar, eu o amei com todo o meu coração. João Alberto sempre deixou muito claro que era você a mulher que ele realmente amava.

— Preciso digerir tudo isso e ainda tenho de contar toda essa história para Marlene. Sei também que você, Eloísa, tem direitos à herança que João Alberto deixou, mas preciso de um tempo.

— Dona Emília, eu não quero nada. Isso não é justo. Nem a senhora nem sua filha têm de me dar nada! Eu sofri muito quando soube que meu pai se foi e nem pude me despedir. Peço a Deus que cuide dele e que ele esteja bem onde estiver.

— Você tem direito sim, e sei que o desejo dele é que você receba o que é seu para ajudar em seus estudos e em seu futuro. Gostaria muito que Marlene a conhecesse, pois não podemos negar que vocês são irmãs.

Emília despediu-se de Eloísa e de Francisca e saiu muito abalada com tudo o que ficara sabendo. Ela ainda não conseguia acreditar que o marido lhe fora infiel.

Após dois dias e de vencer o choque inicial que a notícia lhe causara, Emília decidiu ter uma conversa franca com Marlene, que, ao ouvir as revelações da mãe, não conseguiu expressar o que estava sentindo.

— Mamãe, isso deve ser alguma brincadeira de mau gosto! O papai? Tem certeza disso? Não posso acreditar.

— Sim, minha filha. Até agora, estou estarrecida com todas essas revelações. Foi muito difícil fazer tudo isso entrar na minha cabeça, mas tive de ser forte e encarar a situação. O nome de sua irmã é Eloísa, e da mãe dela é Francisca. Ela era funcionária de seu pai na empresa. Filha, posso lhe fazer um grande pedido: não ignore sua irmã, pois essa moça não tem culpa de nada do que aconteceu.

— Mamãe, eu preciso de um tempo. Como papai pôde fazer isso com a senhora? Que decepção, meu Deus!

Emília, ainda que ferida com a traição do marido, tentou acalmar a filha.

— Você tem de ser forte, minha filha. Não adianta ficar com raiva de seu pai. Precisamos entender o que aconteceu e conduzir a situação da melhor maneira que pudermos.

— Como posso não sentir raiva e indignação? Por que ele fez isso com a senhora, que sempre foi uma esposa exemplar? Mãe, a senhora sempre cuidou dele com dedicação e amor!

— Minha filha, tome o tempo necessário para refletir sobre tudo o que lhe contei. Você é muito inteligente e esclarecida. Sei que fará o seu melhor.

As duas mulheres despediram-se, e Marlene seguiu rumo à sua residência.

Ao chegar a casa, Marlene encontrou o marido e contou-lhe todo o ocorrido. Paulo José ficou muito surpreso com a história e não sabia o que dizer à esposa, pois não queria fazer um julgamento precipitado sobre as ações do sogro. Ele, então, abraçou a esposa, e os dois ficaram enlaçados por vários instantes.

A moça foi acalmando-se aos poucos e pediu ao marido que a deixasse sozinha, pois precisava refletir melhor sobre a decisão que deveria tomar. Resoluta, Marlene pegou o telefone e ligou para Raul.

Após os cumprimentos iniciais, Marlene foi direta:

— Raul, preciso falar com você!

— Tudo bem. Quer que eu vá até sua casa?

— Não, Raul. Vamos nos encontrar naquela casa de chá próxima ao seu apartamento?

— Tudo bem. Estarei lá às 15h00. Pode ser?

— Ótimo. Até lá!

Marlene chegou ao local minutos depois de Raul, que estava muito ansioso para saber o que estava acontecendo.

— Olá, Raul! Desculpe incomodá-lo, mas você é a única pessoa em quem confio para tratar desse assunto.

— Nossa, estou curioso para saber o que está acontecendo.

— Estou muito mal. Descobri uma coisa sobre meu pai... ainda é muito difícil de acreditar.

— Me conte logo, querida! Você sabe que estou ao seu lado para ajudá-la.

— Raul, meu pai teve outra filha, fruto de um relacionamento extraconjugal com uma mulher que foi funcionária da empresa. Não consigo acreditar e muito menos aceitar isso. É um absurdo que minha mãe tenha de conviver com essa traição! Meu pai sempre se mostrou um homem tão correto, tão íntegro! Em toda a minha vida, essa seria a última coisa que pensei que meu pai pudesse fazer.

— Marlene, sei que tudo isso é muito doloroso, ainda mais agora, que ele partiu. É muita dor junto, contudo, você precisa aceitar. Não tem outro jeito. Além disso, essa moça não tem culpa do que aconteceu, dos erros dos pais. Já pensou que ela é tão vítima dessa situação quanto você? Tente compreender, pois talvez, assim, sua mãe sofra menos.

Marlene ficou pensativa, pois sabia que precisava deixar a indignação de lado e agir com justiça. Sabia também que Emília era uma mulher justa e leal e daria a Eloísa tudo o que lhe era de direito.

Os dois continuaram conversando, e Raul tentou distrair a cabeça de Marlene com assuntos mais amenos.

Em casa, Emília achou melhor dar alguns dias para a filha analisar melhor a situação, mas não deixaria que aquilo se estendesse além do necessário. Era imperativo que elas conversassem com Francisca e Eloísa sobre a herança de João Alberto.

Emília tinha certeza de que os acontecimentos dos últimos dias eram fruto da providência divina, que agiam para que ela desse uma reviravolta na vida, pois, após sua viuvez, ela andava muito amargurada, sem saber que rumo tomar. A matriarca dos Fiorucci dedicara sua vida a cuidar da casa, do marido, da filha e mais recentemente da neta, mas nunca fizera algo por si. Então, ela resolveu "sacudir a poeira" e tomar as rédeas da própria vida. Emília sempre teve vontade de estudar farmácia e trabalhar em uma botica, mas João Alberto nunca permitira tal feito. Ela, então, resolveu conversar com Marlene, pois tinha certeza de que a filha a apoiaria na realização de seus sonhos.

Alguns dias depois, enquanto conversavam, Emília compartilhou seus planos com a filha.

— Nossa, mamãe, que maravilha! A senhora deve, sim, abrir uma botica! Isso renovará sua vida. A senhora sempre foi tão submissa, mas agora é sua vez de ser feliz. E tenha certeza de que a ajudarei a conquistar tudo isso.

— Ah, filha, conto com sua ajuda! Preciso ter mais alegria em minha vida, de um objetivo. E lhe peço, Marlene, que não rejeite Eloísa. Ela é sua irmã e me lembra muito você.

— Mãe, tenho conversado bastante com Raul, e ele tem me ajudado a entender melhor algumas coisas. Aos poucos, ele está abrindo meu coração, me fazendo enxergar a situação por outro ângulo. Meu amigo querido tem um jeito matreiro de dizer as verdades que preciso ouvir.

Após uma pausa, ela continuou:

— Mamãe, convide dona Francisca para um chá aqui em casa, assim, poderei conhecê-las.

— Minha filha, que alegria! Sabia que você faria isso. Você é boa de coração e muito generosa. Só precisava de um tempo para pensar.

Emília, então, fez o convite para Francisca e Eloísa, que aceitaram prontamente.

Na data marcada, Marlene acordou muito ansiosa para conhecer Eloísa, perguntando-se como seria aquele encontro. Realmente a aceitaria ou, no último momento, a rejeitaria?

Ao ver a irmã, Marlene ficou profundamente emocionada. Não esperava ter aquela reação, mas a semelhança entre elas era incontestável. Eloísa, muito envergonhada, olhou para Marlene e pediu-lhe perdão. O momento era de singular comoção. Após as irmãs trocarem um abraço apertado, todos na sala se quedaram comovidos. As lágrimas eram companheiras daquelas quatro mulheres, que foram unidas pela sabedoria da vida, ainda que as circunstâncias tenham causado tanta dor a elas.

Emília, então, pediu mais uma vez que Francisca aceitasse sua ajuda, pois sabia que ela e Eloísa estavam passando por dificuldades, porém, a mulher não queria ser um estorvo para a esposa do ex-amante e declinou da oferta, afirmando que era de sua vontade trabalhar para o próprio sustento. Eloísa também ajudava muito a mãe, que fazia doces para vender, contudo, a vida tornara-se ainda mais difícil após a morte de João Alberto.

Amparadas pelos amigos espirituais, as quatro mulheres iniciaram ali uma estreita relação de amizade. Mais tarde, Eloísa conheceu Maria Helena e apaixonou-se pela sobrinha. O ambiente na casa era de paz e harmonia. Ali, o perdão fez morada, e um novo ciclo teve início.

Certo dia, Raul teve uma ideia, enquanto conversava com Marlene:

— Querida, podemos colocar Eloísa para trabalhar na empresa. Acho que talvez seja uma boa solução para todos.

— Nossa, Raul, que ótima ideia! Minha irmã precisa mesmo de ajuda. O que acha de irmos até a casa dela para fazermos o convite pessoalmente?

Prontamente, os dois amigos dirigiram-se à casa de Francisca e foram recebidos com genuína alegria pelas moradoras.

Eloísa ficou muito feliz com a proposta e aceitou o convite no mesmo instante, mas Francisca mostrou-se muito preocupada, pois tinha receio de que a filha passasse por constrangimentos, afinal, as pessoas logo saberiam que a moça era filha de João Alberto devido à semelhança com Marlene.

— Dona Francisca, não se preocupe. Eu estou na empresa todos os dias e ajudarei sua filha. Pode deixar que estarei lá para protegê-la.

— Obrigada, Raul. Você é realmente uma pessoa muito especial, e eu confio em você, mas, se acontecer qualquer problema, prefiro que Eloísa se afaste no mesmo instante.

— Calma, mamãe! Essa é uma excelente oportunidade que minha irmã e Raul estão me oferecendo. Não posso deixar passar. Mas, Raul, o que farei lá?

— Você aprenderá um pouco de tudo para saber como funciona a empresa, e, então, veremos.

— Ótimo! Quando posso começar? Preciso me preparar.

— Daqui a três dias. Pode ser?

— Combinado! Estarei lá.

Três dias depois daquela conversa, Eloísa começou a trabalhar na empresa. Ela era uma moça aplicada, muito educada e tinha muita disposição para aprender.

Envolvida em suas tarefas, Eloísa nem se deu conta de que o tempo passara rapidamente. Havia um ano que a moça estava trabalhando na companhia do pai. Eloísa e Francisca haviam se mudado de casa, pois Marlene, como parte da herança, presenteara a irmã com um imóvel próximo à empresa.

Eloísa estava conciliando o trabalho com os estudos, pois queria estar mais bem preparada para auxiliar Raul na administração da empresa.

Os laços familiares também se estreitavam a cada dia. Maria Helena adorava visitar Eloísa, e Francisca, para agradar a criança, sempre fazia os bolos de que ela tanto gostava. Além disso, sempre que Marlene precisava, Francisca dispunha-se a ajudá-la a cuidar de Maria Helena, tarefa que a amável senhora desempenhava com muito amor e zelo.

CAPÍTULO 18

Certa tarde, Marlene estava exausta e com um intenso mal-estar. Paulo José estava preocupado com o estado de saúde da esposa e pediu que ela fosse ao médico, pois a moça mostrava-se muito abatida, o que não era seu normal. Desconfiada, Marlene marcou uma consulta com o médico de sua confiança, pois suas regras estavam atrasadas.

Chegando ao consultório, Marlene foi atendida pelo médico, que ficou preocupado com a palidez da paciente e pediu que ela fizesse alguns exames de rotina e, claro, um exame de gravidez, pois a moça relatara o atraso menstrual.

— Doutor, será que estou grávida?

— Não sei, Marlene. Peço que vá a um laboratório de sua confiança, faça os exames e me traga o quanto antes o resultado.

— Doutor, estou me sentindo tão fraca... Às vezes, nem tenho vontade de me levantar.

— Calma, vou ajudá-la. Tenha paciência.

Marlene fez os exames, mas preferiu aguardar os resultados antes de compartilhar suas suspeitas com o marido.

Após dez dias, as suspeitas foram confirmadas. Para desespero de Marlene, ela estava grávida. Foi como se um filme passasse novamente em sua mente, trazendo todo o medo de seu passado de volta.

Quando chegou a casa, Marlene teve dificuldades de contar a novidade a Paulo José.

— Marlene, o que deu em seus exames, meu amor? Estou muito preocupado!

Ela começou tremer involuntariamente, e sua expressão era de pânico.

— Meu amor, o que houve? É tão ruim assim? Me conte!

— Paulo José, tenho algo para lhe contar... mas não sei como você receberá essa notícia. Eu estou grávida!

Paulo José ficou parado por um instante, olhando a esposa nos olhos, e, então, abraçou-a com emoção. As lágrimas rolavam de seus olhos e molhavam sua face.

— Meu amor, você me fez o homem mais feliz do mundo! Preciso contar para minha família. Vamos marcar um jantar aqui em casa para dar a notícia a todos!

A reação alegre de Paulo José à notícia fez um enorme peso sair das costas de Marlene.

— Claro, meu amor. Posso chamar minha mãe, Raul e minha irmã?

— Claro! Chame quem você quiser!

Paulo José estava muito feliz com a notícia de que seria pai.

Na data marcada para o jantar, os convidados foram recebidos com muito esmero pelo casal anfitrião.

Após a refeição, que foi bastante elogiada por todos os presentes, Paulo José anunciou a gravidez de Marlene, e todos ficaram emocionados e felicitaram o casal. Dionísio ficou muito comovido, pois demorara a aceitar a nora, contudo, agora era muito grato a ela.

— Você é uma excelente esposa e mãe, Marlene. Meu filho tem muita sorte de ter se casado com você.

Marlene estava radiante com a maternidade, porém, sua saúde inspirava cuidados. O médico recomendara-lhe repouso, pois ela apresentava um quadro de anemia aguda.

Paulo José não sabia o que fazer para agradar Marlene durante a gestação. A essa altura, Maria Helena já o chamava de pai, o que alegrava muito o coração do rapaz.

Infelizmente, a alegria da gravidez não impediu que Marlene entrasse em depressão. Apesar de Eloísa e Raul a ajudarem muito, ela não encontrava forças para reagir.

Sempre apoiado pela família, Paulo José entregou-se ao desespero, pois acompanhava, diariamente, a esposa definhar a olhos vistos e piorar a cada dia. O médico que acompanhava a gravidez tentava acalmar a família da moça, dizendo que, se Marlene mantivesse o resguardo, a criança nasceria normal. A família e os amigos da moça, contudo, temiam pela vida do bebê e da própria Marlene, que emagrecia a olhos vistos e não saía da cama.

Raul, então, resolveu ir até o centro de Mercedes para pedir ajuda à amiga. Naquele ambiente de paz e harmonia, o grupo, auxiliado por irmãos caridosos, enviou muitas vibrações para a enferma, e, aos poucos, ela começou a reagir. Mercedes também fez algumas visitas a Marlene e aplicou-lhe passes restauradores.

O tempo seguiu vagarosamente para aqueles que estavam em aflição, e Marlene chegou ao quinto mês de gestação. Em uma noite, ela teve um sonho com Júlio, em que, mais uma vez, ele lhe pediu perdão. O rapaz também pedia que ela levasse Maria Helena para sua família conhecê-la.

Ao amanhecer, Marlene acordou com a lembrança do sonho, mas não pensou muito no assunto, pois não gostaria de mexer no passado. Apesar de escolher dar atenção àquele assunto, ela passou o dia muito desgastada, pois perdera muita energia no encontro noturno.

Após alguns dias, Marlene, já cansada de ficar em casa, pediu a Paulo José que a levasse ao ateliê, pois gostaria de retomar suas atividades, ainda que lentamente. Preocupado com o estado de saúde da esposa e com o fato de a gravidez de Marlene ser de risco, ele lhe pediu que esperasse um pouco mais. A moça, contudo, insistiu, e ele acabou cedendo aos seus desejos.

Quando chegaram ao ateliê, Lourdes ficou muito feliz ao ver a sócia de volta.

— Lourdes, minha amiga, gostaria de retomar minhas atividades aos poucos para ajudá-la, pois sei que está muito atarefada. Meu afastamento do trabalho tem me preocupado muito.

— Fico muito feliz, querida, mas sua saúde e a do bebê estão em primeiro lugar, então, vá com calma.

— Virei na parte da manhã e a ajudarei na administração.

— Combinado.

O ateliê estava indo muito bem e não lhe faltavam clientes. Lourdes continuava responsável pela criação das peças, e Marlene, que administrava a empresa, era muito atenciosa com todos. Mais duas moças haviam

276

sido contratadas para realizar a confecção das peças, e o ateliê prosperava a cada dia.

Emília decidiu ir ao ateliê para ver como estava a filha.

— Já está de volta?

— Estou sim, mãe. Preciso ocupar minha cabeça.

— Você tem razão. E eu sinto que também preciso ocupar minha cabeça. Decidi que abrirei minha botica. Assim que encontrar um local e montar a estrutura, contratarei um farmacêutico responsável pelo local.

— Fico muito feliz por você, mamãe. Vamos falar com Raul! Acredito que ele possa ajudá-la a encontrar o profissional ideal.

No dia seguinte, Marlene e Emília foram ter com Raul, que se prontificou a auxiliá-las no que fosse necessário. Após alguns dias de procura, encontraram um ótimo ponto comercial, que se localizava em uma avenida muito conhecida do Rio de Janeiro. Apesar de o valor do aluguel ser um pouco elevado, Emília, entusiasmada, fechou negócio e começou a montar a botica.

A matriarca dos Fiorucci contratou um farmacêutico indicado por um amigo da família. Hélio estava afastado do trabalho havia um longo tempo, pois sua esposa enfrentara uma terrível doença e, infelizmente, falecera.

Assim que tudo ficou pronto, a tão esperada botica de Emília foi inaugurada em clima de festa, afinal, a matriarca dos Fiorucci finalmente estava seguindo um sonho antigo, algo que dava sentido à sua vida.

Todos os dias, Emília comparecia ao trabalho e seu desejo de aprender era contagiante. A única coisa que a incomodava era a distância de sua residência em relação à botica, então, decidiu colocar seu imóvel à venda e se mudar. Por fim, Emília alugou uma casa bem próxima ao trabalho e começou a ter mais tempo para si.

Dedicado ao trabalho, Hélio ajudava muito Emília e conversava com ela sobre o quanto se sentia sozinho, pois sua esposa partira. Além disso, eles não haviam tido filhos, o que tornava sua vida ainda mais solitária. Seu cotidiano agora se resumia ao trabalho na botica.

A amizade entre os dois crescia a cada dia. Com a desculpa de fazerem companhia um ao outro, Hélio começou a convidar Emília para alguns passeios. Um dia, iam à praça; outro dia, ao parque. Costumavam também frequentar as confeitarias da região. Para Emília, o prazer de ir a uma confeitaria era indescritível, pois ela adorava provar um delicioso café acompanhado de guloseimas.

Marlene começou a perceber que a mãe estava bem diferente, mais feliz e de bem com a vida. Despachada, a moça logo perguntou a Emília se ela nutria algum sentimento por Hélio.

— Claro que não, Marlene! Ele é somente um bom amigo.

— Mamãe, a senhora tem todo o direito de refazer sua vida. Além de ter sofrido imensamente com a traição de papai, a senhora precisa entender que ele se foi. Nada a impede de conhecer alguém e se apaixonar novamente.

Emília, então, começou a sorrir antes de contestar:

— Mas o senhor Hélio me vê apenas como uma boa amiga!

— Eu não vejo as coisas assim, mãe. Para mim, ele gosta da senhora. Já reparou que o senhor Hélio está sempre ao seu lado? Repare que, mesmo nos dias de folga, ele não quer ficar longe da senhora! Se ele se declarar, dê uma chance para a felicidade!

— Não sei, filha. Acho que meu tempo já passou, Marlene. Estou muito velha. Seu pai foi meu único homem.

— Mãe, eu insisto: papai não está mais aqui, e a solidão é muito ruim. Ninguém envelhece para o amor, mãe. Ninguém. Enquanto houver vida em nosso corpo, há espaço para o amor florir.

— Está bem, minha filha. Vou pensar mais nisso.

Marlene queria muito que sua mãe desse uma chance ao amor, pois desejava que Emília fosse feliz.

Sem mais delongas, ela foi ter com o pretendente de Emília.

— Tudo bem, senhor Hélio?

— Olá, Marlene. Estou muito bem. E você? Ansiosa para a chegada da criança?

— Estou sim! A gravidez ainda demanda cuidados, mas estou muito feliz. Paulo José também está animadíssimo para aumentar a família!

— Ah, que alegria! Eu, infelizmente, não tive filhos. Sinto muito por isso.

— Senhor Hélio... já pensou em se relacionar novamente com uma mulher? Em casar-se de novo?

O homem foi pego de surpresa com a pergunta de Marlene, mas não titubeou em responder:

— Não vou mentir para você, Marlene. Já pensei muitas vezes em ter uma nova esposa. Viver sozinho, sem alguém com quem compartilhar os dias, é difícil.

— Então, por que o senhor não se casa com minha mãe?!

Emília, que entrava naquele momento no recinto, ficou pálida com a brincadeira de Marlene.

— Minha filha, o que é isso? Está deixando o senhor Hélio sem palavras.

Sorrindo, Marlene perguntou:

— Qual é o problema, mamãe? Vocês dois são viúvos e estão sozinhos. Eu adoraria que essa união se realizasse!

Um pouco tenso, Hélio começou a rir, mas no fundo era isso o que intimamente ele queria. Mesmo com seus 65 anos de idade, Emília continuava sendo uma mulher linda. Hélio era mais jovem que ela, tinha 60 anos, mas era como se essa diferença não existisse.

Após esse divertido episódio, Hélio foi se chegando aos poucos até decidir se declarar para Emília. Ainda presa ao passado, ela, contudo, tinha muito medo.

— O senhor não está fazendo isso para agradar minha filha, não é?

— Jamais faria isso! Eu lhe tenho muito apreço, dona Emília. Sou um homem livre, desimpedido e gostaria de reconstruir minha vida com a senhora, que é uma mulher linda, generosa e que, além disso, encantou meu coração. Sei que posso lhe fazer muito feliz. Me dê essa oportunidade.

— Acho que podemos tentar, mas estamos juntos o tempo todo, Hélio... Não podemos confundir nosso trabalho com namoro.

— Sim, dona Emília, você tem razão. Então, vamos tentar!

— Me chame apenas de Emília, por favor.

Um beijo selou aquele momento especial entre duas almas que, com tantas afinidades, buscavam a alegria de uma vida a dois.

Daquele dia em diante, o casal iniciou o namoro. Nesse período, Hélio ajudou muito Emília, que não podia contar com a filha, que ainda enfrentava os desafios de uma gravidez de risco. Aos poucos, Hélio foi se tornando um pai para Marlene e um avô para Maria Helena.

❧

Marlene já estava se aproximando do nono mês de gestação e precisou ficar em repouso absoluto. Certa madrugada, ela começou a sentir as primeiras contrações e foi levada para o hospital. O estado da moça não era nada bom. A pressão arterial de Marlene estava alta, o que preocupou bastante os médicos. A gestante, então, foi tomada de uma terrível sonolência e viu, ao seu lado, o espírito de Júlio, que dizia:

— Estou aqui para protegê-la. Você dará à luz uma menina, que é a encarnação de sua avó Irca.

Durante o trabalho de parto, Marlene ouvia muitas vozes e via muitas pessoas à sua volta, que pareciam estar ajudando-a. A moça tinha a impressão de que o quarto estava cheio de gente e que essas pessoas lhe pediam que se acalmasse.

Júlio mantinha-se ao lado de Marlene, o que causava muita estranheza à moça. Então, ela sentiu uma dor muito forte e começou a gritar pedindo que a ajudassem. Nesse momento, levaram-na para a sala de parto e, em pouco tempo, nasceu a filha de Marlene e Paulo José, uma menina grande e saudável.

Devido ao esforço do parto, Marlene ficou muito fraca e teve um pouco de hemorragia, o que a fez ficar internada por mais alguns dias além do previsto.

Emocionado ao ver a filha, Paulo José deu-lhe o nome de Ester. Com a menininha nos braços, ele fez sentida prece, agradecendo a Deus por ter zelado pela vida da filha e da esposa. Ninando a bebê, Paulo José pensava em todos os acontecimentos que o conduziram àquele dia. O envolvimento com Marlene no passado, o reencontro com a moça, o casamento feliz. Ele beijou a testa da filha e, finalmente, concluiu que tudo na vida estava certo, independentemente do que acontesse.

❧

Quando recebeu alta, Marlene foi para casa, onde Emília e Eunice a ajudaram com os cuidados com Ester. Apesar de um pouco fraca ainda, a moça estava feliz por estar com a menininha nos braços e rodeada pela família.

Alguns dias após o parto, algo muito estranho começou a acontecer com Marlene. A moça passou a ter constantes visões e, em vários sonhos, ela encontrava-se com Júlio.

Marlene aproveitou para ler um livro, pois sempre gostou de ler. Repentinamente, contudo, ela levantou-se e foi até o berço de Ester para ver se a filha estava dormindo. Quando entrou no quarto, viu uma esfera de luz branca aproximando-se do berço da criança. Assustada, Marlene pegou a filha nos braços e foi correndo ligar para Mercedes.

Durante a conversa ao telefone, ela contou o que vira:

— Minha filha, você é muito sensível e tem muita mediunidade.

— Estou preocupada com essa história de levar Maria Helena para que os pais de Júlio a conheçam, pois não quero me aproximar deles.

— Se você não quiser, não tem problema. Deixe as coisas como estão, pois o tempo dará conta de tudo isso. Fique tranquila.

— Será que Júlio nos prejudicará, dona Mercedes?

— Não, pois ele já está sendo auxiliado por uma equipe de luz. Além disso, proporcionar esse encontro é somente um desejo dele. Fique tranquila.

Após essa conversa, Marlene ficou mais calma, pois confiava muito em Mercedes.

A cada dia que passava, Ester apresentava uma rara beleza e conquistava o coração de seus avós. Maria Helena, muito inteligente, se interessava por tudo.

❧

Muito amiga de Marlene, Renata estava passando por um período de muitas dúvidas, pois desejava morar fora do Brasil. Marcos, contudo, não aceitava os planos da moça. Ainda estavam namorando, e Marcos queria se casar. Ela, contudo, não se sentia preparada para o casamento. Em uma conversa, ela decidiu desabafar com Marlene.

— Renata, vocês estão juntos há tanto tempo... Sei que você o ama, pense bem. Quem sabe, no futuro, não morem fora juntos? Sei como você está, mas, neste momento, não é bom tomar uma decisão precipitada. Tente se acalmar.

— Acho que você está certa. Sei que, às vezes, fico ansiosa. É claro que amo o Marcos. Ele tem muito cuidado comigo e sempre me respeitou. Acho que estou precisando ir ao centro tomar uns passes para me acalmar.

— Eu posso acompanhá-la, pois acredito que isso também seria muito bom neste momento. Há muitos espíritos perturbados, que conseguem atrapalhar nossa vida. Tomando um passe, podemos criar energias novas e melhorar, além de nos mantermos sempre em vigília e desenvolvermos o hábito da oração, que nos conecta a Deus e aos espíritos de luz — Marlene sempre acreditou muito na espiritualidade e tinha certeza de que a energia recebida por meio do passe era muito benéfica a todos.

As amigas continuaram trocando confidências, e Marlene pôde conhecer um pouco mais do namorado da amiga.

Marcos era um homem com muita mediunidade e tinha Ernesto, agora, como um dos seus orientadores. Quando esteve encarnado, o espírito de luz foi um homem muito bondoso. Em vida, ele não se casou e era o terceiro filho de pais imigrantes italianos. Com o tempo, seus pais tornaram-se donos de terras utilizadas no cultivo de uvas. Quando desencarnaram, o rapaz, mesmo formado em Direito, ficou tomando conta das terras, e seus irmãos, Ângelo e Pedro, foram morar na cidade e pouco o visitavam. Ernesto sempre ajudou muito os pobres e gostava dos animais. Ele desencarnou aos 43 anos.

Um dia, Marcos levou a mãe, que sofria de um problema sério nas pernas e de dores fortíssimas, o que a fazia ter muita dificuldade de andar, a uma sessão no centro espírita. Ao vê-lo, Ernesto sentiu que já conhecia o rapaz de algum lugar e estava correto, pois, em outras vidas, Marcos fora filho de Ernesto. A sensação

284

experimentada pelo espírito foi fortíssima, e ele passou a se aproximar de Marcos até se tornar seu orientador, conforme os desígnios da espiritualidade.

Assim que começou a ver Ernesto, Marcos assustou-se, mas, aos poucos, o espírito mostrou-lhe que era do bem, e ali se iniciou uma amizade entre eles. Sempre que podia, Ernesto auxiliava o rapaz em seu trabalho.

Marcos era muito reservado sobre esse assunto e receava ser tachado de louco, caso alguém soubesse de sua capacidade mediúnica.

Alguns dias depois, Renata decidiu conversar com seus pais sobre seu casamento, pois a reforma da casa que Marcos comprara finalmente terminara. Após a conversa que tivera com a amiga, a moça optou por postergar os planos de viver fora do país e seguir com os planos de casar-se com o rapaz, que era muito benquisto pela família da noiva. Não houve, então, empecilhos para iniciarem os preparativos para a grande festa.

Dionísio, que, a essa altura, já estava meio cansado, resolveu vender a fazenda, pois Paulo José havia muito se decidira a permanecer na cidade com a esposa. A transação para a venda da propriedade ocorreu com tranquilidade, e, em seis meses, a fazenda já pertencia aos novos donos. Dionísio, então, resolveu presentear o filho com uma casa maior, pois a família crescera.

Feliz, Paulo José foi correndo dar a notícia para Marlene, mas ela não gostou da ideia de se mudar, pois gostava muito de sua casa.

— Marlene, acho que seria muito bom para nós vivermos em uma casa maior! As crianças teriam mais espaço, e, como sei que gosta de jardim, vou procurar uma que tenha um lindo espaço para você cuidar.

— Não quero trazer problemas para você por causa disso, mas prefiro que seja nas proximidades de nossa residência atual, pois já estou acostumada ao bairro.

— Pode deixar! Encontrarei algo que encante seus olhos à primeira vista. Não se preocupe. Você se surpreenderá com nosso novo lar.

Paulo José continuava sendo o braço direito do pai na administração dos negócios, e Dionísio, nos últimos tempos, afastava-se gradativamente da empresa, pois queria que o filho adquirisse confiança para dali a pouco gerenciar tudo sozinho.

Depois de algumas visitas e muitos dias de procura, Paulo José conseguiu encontrar uma linda casa, toda avarandada, com um jardim cheio de rosas de que Marlene gostara muito. Prontamente, ele fechou negócio, e logo toda a família se mudou para a nova residência.

No fundo da casa, havia um abacateiro e um balanço, que Maria Helena adorou. Com o tempo, todos se acostumaram com a nova morada, repleta de muito amor e carinho por parte de seus moradores.

Em decorrência das difíceis situações que enfrentara no passado, Marlene cobrava-se demais e tinha muito medo de errar com sua família, o que não a deixava ter paz e lhe provocava intenso esgotamento físico.

Durante uma conversa, Paulo José pediu-lhe que buscasse tratamento, o que foi muito difícil para Marlene entender. Por fim, ela decidiu buscar auxílio, pois sabia que não estava bem.

Doutor Amadeu, psiquiatra, foi muito bem recomendado por uma amiga da moça. Após algumas consultas, o experiente profissional diagnosticou que Marlene apresentava um quadro de depressão e decidiu entrar imediatamente com um tratamento para que a situação não se agravasse. Com cerca de vinte dias, Marlene começou a sentir alguma melhora, em parte incentivada pelo amor que tinha pelos filhos e também pela satisfação que sentia em trabalhar no ateliê. Aos poucos, a mulher retomou suas atividades diárias.

As sócias começaram a ter novas ideias para o negócio e resolveram abrir uma loja de roupas infantis. Escolheram como ponto ideal para o novo negócio o centro da cidade, mais especificamente a Rua Direita. Após algumas buscas, encontraram um local maravilhoso e montaram o comércio, que seria a primeira loja de roupas infantis, cujo nome escolhido foi Lelekas. O público era formado por pessoas de médio a alto padrão financeiro, e o empreendimento foi um sucesso. Em poucos anos, tiveram que abrir mais quatro lojas.

Enquanto isso, as filhas de Marlene cresciam a cada dia. Maria Helena era muito estudiosa e bondosa com todos, e Ester, mais independente, gostava de fazer tudo sozinha, o que demandava um cuidado especial da mãe, que precisava estar atenta à menina. Ainda que tivesse tantas tarefas na criação das filhas, Marlene visitava diariamente suas lojas para acompanhar de perto o desenvolvimento dos negócios.

Certo dia, a empresária notou que, em frente a uma de suas lojas, uma moça com um bebê no colo pedia ajuda. Decidida, Marlene aproximou-se:

— Bom dia! Como vai a senhora? Sempre a vejo por aqui com seu bebê.

— Sim, eu fico aqui para pedir ajuda, pois moro na rua desde que engravidei de Carlos. Ele é fruto de um relacionamento passageiro, e o pai sumiu. Eu estava trabalhando em uma residência como empregada, mas não me aceitaram mais quando descobriram minha gravidez e me mandaram embora. Serei honesta com a senhora... não estava preparada para ser mãe e gostaria muito de colocar Carlos em um abrigo ou dá-lo a alguém para criar, pois, assim, continuaria com minha vida.

Nesse instante, Marlene olhou nos olhos daquele bebê e ficou com o coração partido, mas acabou despedindo-se da moça rapidamente e retornando à loja, onde começou a chorar. A moça sentiu uma tristeza profunda pela situação da criança, mas tentou afastar aqueles pensamentos da cabeça, pois alguma razão devia ter para a vida ter colocado aquela mãe e aquela criança juntas.

À noite, durante o jantar em sua casa, Marlene não se conteve e falou para Paulo José sobre o ocorrido, finalizando que não conseguia esquecer o olhar daquele bebê. Ele, contudo, não levou em consideração o relato da esposa, limitando-se a consolá-la com palavras vazias.

Passados quinze dias, Marlene não viu mais a moça com a criança à porta de sua loja e esqueceu-se do assunto, mas, um dia, resolveu ir a uma feira livre próxima à sua casa para comprar frutas e verduras frescas e, de repente, ouviu atrás de si uma voz lhe pedindo ajuda. Quando se virou, viu que era a mãe de Carlos.

— Boa tarde. É você? Qual é seu nome? Por que saiu da frente da loja? Eu comprei algumas coisas para o bebê, mas não os encontrei mais.

— Meu nome é Neuza. Não estávamos mais recebendo ajuda ali. Consegui entrar em uma casa aqui perto, que está abandonada. É uma casa muito velha, e estamos ocupando apenas um cômodo. Dividimos o restante do imóvel com outras famílias, mas é muito difícil permanecer ali com Carlos.

— Ainda pensa em encaminhá-lo para adoção? Tem certeza de que não quer ficar com seu filho?

— Sim. Sei que não sou uma boa mãe, senhora. Não gosto de criança e não posso criá-lo sozinha.

— Onde é a casa em que vocês estão vivendo?

Neuza, então, passou o endereço e explicou onde ficava.

Quando chegou em casa, Marlene conversou com Paulo José sobre a ideia de adotar Carlos, pois, após algumas complicações em seu último parto, corria o risco de não conseguir engravidar novamente.

— Marlene, isso é muito sério. E se, mais tarde, essa mulher quiser essa criança de volta?

— Nós podemos verificar com seu pai e fazer tudo certo conforme a lei pede. Se ela se arrepender e quiser a criança de volta, não terá mais direito ao menino.

Marlene e Paulo José decidiram conversar com Dionísio, que lhes indicou todos os caminhos para a adoção. No fim da semana, Marlene conseguiu convencer o marido a conhecer o bebê, e, no sábado à tarde, resolveram ir até o endereço fornecido por Neuza. Chegando lá, eles bateram palmas, e Neuza logo apareceu no portão.

— Olá, Neuza, boa tarde! Esse é Paulo José, meu marido. Gostaríamos de ver Carlos. Você nos permite?

— Claro. Entrem.

Eles entraram na casa abandonada, onde Neuza estava vivendo com a criança e com mais algumas famílias, que encontraram naquele lugar um abrigo para fugirem da violência das ruas e das intempéries.

Quando finalmente chegaram a um cantinho da casa, onde Carlos dormia em cima de um amontoado de trapos, Marlene, que não se aguentava de ansiedade, nem esperou a reação do marido e já foi perguntando para Neuza:

— Você nos entregaria seu filho para a adoção? Gostaríamos de criar Carlos.

Sem reação, Paulo José olhou assustado para Marlene.

— Claro! — disse Neuza sem hesitar. — Quero minha liberdade de volta e seguir com a minha vida, e ele me atrapalha muito.

Tocado pela emoção que lia nos olhos da esposa, Paulo José decidiu que o melhor a fazer era adotar aquela criança. O casal, então, levou Carlos para casa no mesmo dia, e, como o bebê estava bem desnutrido, Marlene deu-lhe um banho rápido e levou-o ao pediatra de suas filhas.

Pouco tempo depois, Carlinhos já era querido pela família. Sem muitas dificuldades, o casal, auxiliado por Dionísio, logo conseguiu concluir a adoção da criança. O garotinho parecia um anjo. Tinha cabelos loiros e cacheados, e seus olhos eram azuis. Marlene estava encantada com seu filho do coração.

Os pais de Paulo José iam quase diariamente visitar os netos, e Dionísio dizia que Carlinhos lembrava muito seu irmão Toninho, que falecera aos dois anos de idade. Eles amavam muito as netas, mas Carlinhos realmente tinha conquistado de vez o coração do avô, que fazia tudo para ele.

A criança era bem esperta, alegre e não parava quieta. Maria Helena amava o irmão, já Ester era um pouco ciumenta e disputava com ele a atenção da mãe, que, muito boa, os ensinava a se amarem.

A paz reinava naquele lar abençoado.

Em uma noite fria, contudo, Carlinhos começou a ter muita febre, tosse e cansaço. Assim que amanheceu, Marlene levou a criança ao hospital, onde constataram um início de bronquite. Assim, os dois anos seguintes foram muito difíceis.

Certo dia, Marlene estava no salão, e uma senhora a ouviu comentar sobre o problema de saúde de Carlinhos. Solícita, a mulher falou sobre uma benzedeira que curara seu filho com o mesmo problema. Marlene, prontamente, anotou o endereço e levou o filho até lá.

Catarina — assim se chamava a benzedeira — fez uma simpatia para Carlinhos e pediu para Marlene que retornasse duas vezes para dar continuidade ao tratamento espiritual da criança.

Sempre com muita fé, Marlene fez tudo o que fora pedido, e, aos poucos, Carlinhos foi curado da severa bronquite que o acometera. O mais intrigante era que, na família de Paulo José, a bronquite era uma doença recorrente.

Quando Carlinhos completou cinco anos de idade, Marlene explicou ao garotinho que era sua mãe do coração. Em sua casa havia muito amor, mas também havia muitas regras, que todos deveriam cumprir sem distinção. Luiza, apesar de ter seu trabalho na botica, sempre estava presente na vida dos netos e ajudava Marlene a educá-los.

A cada dia que passava, o amor prevalecia na casa de Marlene, mas Ester mostrava cada vez mais ter ciúmes de Carlinhos.

— Paulo José, tratamos todos aqui da mesma maneira. Dou atenção a todos.

— Marlene, acredito que você não tenha percebido, mas sua ligação com Carlinhos é muito forte.

— Talvez você tenha essa impressão, porque ele necessita muito de mim. Mesmo assim, vou prestar mais atenção nisso. Percebo que Maria Helena é mais apegada a você...

— Procure dar um pouco mais de atenção a Ester, assim poderemos confirmar se realmente é isso e sanar esse nervosismo dela. Tenho percebido que tudo a faz chorar, e isso não é normal.

— Mas até seus pais são apegados a Carlinhos, Paulo.

— Eu sei, mas podemos dar um pouco mais de carinho a Ester. Apenas isso.

— Pode deixar. Você está certo. Farei o possível para que Ester fique bem.

Apesar de querer muito, Marlene não conseguia mudar muito suas atitudes. Era como se um ímã sempre a puxasse para perto de Carlinhos. Sempre que saía para trabalhar, ela tinha de deixar algo seu perto do menino, pois ele era tão apegado a ela que tinha medo de perdê--la. A ligação entre os dois era tão forte que pareciam ser mãe e filho de sangue.

Com suas lojas prosperando a cada dia, Marlene, em parceria com a sócia, resolveu contratar uma gerente para cuidar de suas lojas, pois, assim, teriam mais tempo para se dedicar a novas criações. Lourdes estava namorando um rapaz e já pensava em casamento, então, uma gerente para administrar as lojas seria importante para que pudesse dar mais esse passo na vida.

Marlene comentou sobre a necessidade de contratar uma gerente para loja com sua sogra e com Renata, que logo disse:

— Tenho uma amiga muito competente que acabou de sair de seu antigo emprego e está procurando uma nova colocação. Se quiser, poderia apresentá-la a você.

— Por favor. Traga-a aqui para que Lourdes e eu a conheçamos.

Renata falou com sua amiga Solange, que aceitou conhecer as sócias no ateliê.

Marlene e Lourdes gostaram muito de Solange e contrataram-na imediatamente, sentindo-se aliviadas por dividirem as tarefas com mais uma pessoa.

Solange era solteira e morava com a mãe. Era uma excelente filha. O irmão da moça desencarnara havia dois anos de hepatite, e a mãe de Solange ficara muito mal. O pai falecera havia vinte anos, e, com isso, a situação financeira da família tornara-se delicada. O emprego trouxe grande alegria para as duas, pois lhes deu a esperança de uma vida melhor. Marlene e Lourdes ofereceram um bom salário a Solange, pois, segundo elas mesmas: "Quando ganha bem, o funcionário traz um retorno melhor ainda".

Solange conseguiu administrar muito bem as lojas e ajudou até a diminuir os custos de operação. Em pouco tempo, a moça conquistou o respeito de todos os funcionários, e sua vida passou a dividir-se entre o trabalho e a mãe. A moça era o braço direito de Marlene e Lourdes.

Marlene era a responsável pelas compras e empenhava-se em trazer novidades. As lojas continuaram crescendo sem parar. Paulo José, por sua vez, preocupava-se, pois sabia que Marlene era uma ótima empresária e que nunca parava, sempre se cobrando para criar algo novo.

— Marlene, desse jeito você vai acabar doente. Precisa se acalmar, parar um pouco.

— Tudo bem, eu já vou parar. Só preciso fazer mais algumas coisas — e, obviamente, Marlene continuava.

CAPÍTULO 19

Com a vida financeira prosperando, Marlene decidiu comprar imóveis para locação. Raul aproveitou a oportunidade e alugou um desses imóveis da amiga, pois havia algum tempo começara a fazer algumas mudanças em sua vida. Ele estava em um novo relacionamento, mas ainda não havia se assumido. O rapaz, contudo, tinha muita vontade de tomar coragem e contar a todos. Marlene sempre apoiava o amigo, pois sabia o quanto ele sofrera em seu último relacionamento. Raul era uma fortaleza para ajudar os outros, mas sua fraqueza era o amor.

Havia alguns anos, em uma viagem à Espanha, Raul conheceu uma vidente, dessas que ficavam pelas ruas, que lhe disse que ele teria um relacionamento com um homem que já formara uma família. Apesar disso, o tempo iria aproximar os dois. Esse homem era casado e pai de dois filhos.

Na época, Raul não deu muita importância à fala da vidente, pois jamais desejara ser o pivô de uma separação e muito menos se envolver com um homem casado. Esse encontro, contudo, aconteceu como a mulher previra.

Arthur trabalhava em uma empresa próxima à de Raul, e os dois almoçavam sempre no mesmo lugar. A partir daí, surgiu uma bela amizade entre os dois, e, apesar da insegurança que sentia, Arthur acabou criando em sua cabeça um futuro ao lado de Raul, pois seu casamento ia de mal a pior.

A amizade entre os dois evoluiu para um relacionamento. Arthur conheceu outro lado seu, até então desconhecido, pois sempre havia tido muitos problemas sexuais com sua esposa. Ele, contudo, não tinha coragem de enxergar a verdade.

À medida que Arthur se envolvia com Raul e se apaixonava ainda mais pelo rapaz, seu casamento com Anita tornava-se cada vez mais insustentável. Ele, então, decidiu desquitar-se da esposa, mas sem deixar os filhos desamparados. Anita era uma mulher muito bela, mas o coração de Arthur pertencia a Raul.

Anita acreditava que o marido tinha outra mulher e não outro homem. Jamais essa ideia lhe passara pela cabeça. Arthur e Raul assumiram o relacionamento apenas para alguns amigos mais íntimos.

Arthur simpatizava muito com o espiritismo, porém, fora apenas duas vezes a um centro, pois Anita não gostava de nada relacionado a espíritos. Ela era católica, e ele, então, a acompanhava nas missas. Raul resolveu levá-lo ao centro de Mercedes, já que Arthur perdera os pais num curto espaço de tempo.

Tadeu, o pai de Arthur, desencarnara aos 79 anos devido a um infarto fulminante, e a mãe, Amélia, partira aos 74 anos em uma mesa de cirurgia.

O casal foi ao centro em um dia em que os médiuns estavam se preparando para receber mensagens, e Arthur informou o nome dos pais. No fim da sessão, Tadeu, o pai do rapaz, deixou-lhe uma mensagem pedindo-lhe desculpas, pois, na época de seu desencarne, estava muito distante do filho. Tadeu era um homem muito duro com a família e, muitas vezes, agredia a esposa, o que causou uma briga entre ele e Arthur dez dias antes de seu falecimento. Essa briga deixara o rapaz abalado na época. Ele sabia que estava defendendo a mãe, mas nutria muitas mágoas pelo pai. Tadeu, então, decidira, com a ajuda da espiritualidade, pedir perdão ao filho, dizendo que Amélia já o perdoara e que estava ali ao seu lado.

Arthur começou a chorar sem parar, e Raul, então, amparou o companheiro e disse:

— Perdoe seu pai. Já faz tanto tempo. Todos nós erramos em algum momento, e ele já enxergou o erro.

Arthur só conseguiu balançar a cabeça em sinal positivo, e Raul continuou:

— Mas perdoe seu pai de coração, não só da boca para fora. Sei o quanto deve ter sido difícil toda essa situação. A ignorância de um homem é a derrocada de uma família.

— Desde menino, eu tinha muito medo de meu pai, Raul. Minha mãe era constantemente desrespeitada em casa. Ele gritava e quebrava as coisas. Tudo sempre foi muito difícil.

— Ele bebia ou tinha algum vício?

— Não, ele não tinha vício algum. Só era um homem muito maldoso e desequilibrado. Agredia até os animais dentro de casa. Ele só parou com essas agressões quando nós crescemos. Minha mãe tinha de lavar roupa para fora para comprar o que precisássemos. Por ele, não tínhamos nem estudado. Eu sempre fui o filho que mais o enfrentou. Não consigo ter amor por ele. É como se eu tivesse bloqueado tudo isso dentro de mim. Na verdade, tinha mesmo esperança de falar com minha mãe, pois morro de saudades dela. Raul, vou ser sincero e lhe falar de coração... eu quero muito perdoar, mas, às vezes, é muito difícil.

— Ore por seu pai, Arthur, para que o espírito dele tenha paz. Hoje, ele consegue enxergar os erros que cometeu e certamente terá que reparar tudo isso em algum momento no mundo espiritual. Hoje, você está tendo a oportunidade de estar aqui. O perdão é evolução. Pelo menos, faça isso por você e assim terá paz.

— Nossa vida é realmente passageira, e somente aqui criamos oportunidade para consertarmos tudo. Eu, por exemplo, sei que estou errado por não contar aos meus pais sobre nosso relacionamento, mas sei o quanto isso pode feri-los... Pelo amor que sinto por eles, prefiro me calar.

— Arthur, temos muito a aprender um com o outro e precisamos conversar sobre tudo sempre. Compreendo sua posição e quero estar ao seu lado para tudo o que precisar.

— Com o tempo, pretendo falar com meus filhos sobre nós. Agora, contudo, acredito que seja muito cedo para isso. Nunca amei ninguém como o amo, mas ainda não estou seguro de conversar com as crianças sobre nosso relacionamento.

Raul, então, começou a chorar de emoção, e os dois se olharam como se não existisse mais ninguém ali. Raul já tivera momentos de muita tristeza na vida, mas agora sua felicidade era plena. Apesar de Arthur ainda estar passando por um processo de desquite, os dois já estavam construindo uma vida e uma relação sólida juntos. Ao contrário do que imaginara, Raul não se sentia culpado, pois tudo acontecera naturalmente. O casamento do companheiro já estava no fim. Não fora Raul o pivô daquela relação.

Marlene frequentava o centro na companhia de Raul e Arthur e admirava muito o amor deles. Ela sentia necessidade de sempre ir àquele local para tomar passes e rezar por sua família. Muitas vezes, ela costumava sentir a presença de seus mentores. Todas as terças-feiras, os três faziam o evangelho na casa de Marlene, e Paulo José, com o tempo, também começou a participar das sessões.

Em um dia de preces, Marlene começou a tremer e a chorar. Raul e Arthur, então, começaram a orar pedindo que aquele espírito se comunicasse, e, aos poucos, ela iniciou a passividade. Era Marcelina, a avó de Raul, que desencarnara havia nove anos e chorava por estar muito emocionada de poder falar com o neto. A anciã disse que sempre soube da preferência do neto por homens e que ele não deveria se envergonhar do amor que sentia por Arthur. Além disso, Marcelina o orientou a contar pelo menos para a mãe sobre o relacionamento, pois ela compreenderia. Por fim, a anciã mandou abraços a todos e disse que estava muito bem.

Assim que Marcelina se foi, o mentor de Marlene apresentou-se como o irmão Cândido de Sá. A partir de então, ela começou a ter muitas visões.

— Marlene, por que você não vai trabalhar no centro? — disse Raul.

— Acho que ainda não estou pronta. Vamos fazer as sessões aqui em casa mesmo. Minha mediunidade está aflorando, e quero que tudo aconteça na hora certa. Gostaria que Carlinhos estivesse um pouco maior, pois ele ainda depende muito de mim. Todas as vezes em que chego em casa, ele não me solta, e, por mais que Paulo José lhe dê atenção, meu filho só quer a mim, e não consigo deixar de atendê-lo. Ele diz que tudo o que faço é melhor e dorme todas as noites em meu colo. Paulo José fica bravo, mas sei que é uma carência dele. Quando Carlinhos crescer, isso vai parar. Sabe, Raul, meu amor por ele é tão grande que nem consigo imaginar que um dia meu filho crescerá e tomará o curso de sua vida.

— Carlinhos ganhou nossos corações, Marlene. Seu sogro nem consegue esconder a preferência por ele.

— Eu sei. Há conexões que vêm de muitas vidas. Talvez, seja o caso deles. Não fazemos ideia dos laços invisíveis que nos unem às pessoas.

❧

O tempo não dava trégua e avançava célere, trazendo novos acontecimentos. O aniversário de Maria Helena chegou, e Marlene decidiu organizar uma festa na casa dos pais de Paulo José. Como sempre, Renata auxiliava a cunhada nos preparativos, ainda mais porque Eunice andava um pouco indisposta, apesar de estar muito alegre pelo aniversário da neta.

— Tudo está tão lindo!

Maria Helena estava muito grata pelo empenho de todos na realização de sua festa de aniversário. Quanto mais crescia, mais bondosa a menina ficava. Eunice gostava de ensinar as netas a pintar, mas, como Ester não tinha o mesmo apreço pela pintura, a avó tornara-se muito mais próxima a Maria Helena.

❧

No dia da festa de aniversário da menina, Júlio recebeu a permissão dos mentores para ver como estava a filha. Como Maria Helena estava feliz! Tudo isso o ajudava a se melhorar e a evoluir espiritualmente. O rapaz chegou trazendo um ramalhete de flores brancas e colocou ao lado dos retratos de Maria Helena e de Eunice. Depois, afastou-se e foi embora.

❧

Lourdes recebera um casaco italiano no ateliê para usar como modelo para a confecção de uma peça. Quando Marlene chegou para trabalhar, as duas sócias começaram a conversar. Assim que viu o casaco, ela se encantou instantaneamente.

— Lourdes! De quem é esse casaco lindo?

— Foi dona Dirce quem me trouxe para copiar o modelo. Ela me pediu para fazer um igual, de outra cor e com um tecido diferente.

Marlene começou a se sentir mal, ficou tonta e começou a suar frio.

— Lourdes, acho que não estou me sentindo muito bem. Será que poderia me trazer um pouco de água?

— Claro. Mas o que houve? Você está pálida! Será que sua pressão caiu? Você se alimentou direito?

— Não sei o que está acontecendo, pois me alimentei como de costume. Estou sentindo muito frio e estou tremendo.

Marlene, então, pediu que Lourdes lhe desse o casaco que estava em suas mãos. Assim que o tocou, a moça começou a ouvir uma voz pedindo para que ela olhasse dentro do bolso, pois havia ali um saquinho de veludo com algumas joias. A voz dizia: "Fique com essas joias. Há aí um par de brincos, um broche e uma corrente com um pingente".

Marlene repetiu em voz alta o que estava ouvindo. Aquele espírito era de uma italiana que morara no Brasil por cinquenta anos e desencarnara quase sozinha, pois tinha somente uma sobrinha, Tânia, que era casada e pouco a visitava. Rosa desencarnou aos 93 anos em sua casa e foi encontrada pela empregada Norma. Tânia levou todas as roupas da tia para um brechó, e dona Dirce acabou comprando um dos casacos da falecida.

— E agora, Lourdes? O que eu faço?

— Se é um pedido dessa mulher, e ela lhe contou tudo isso, fique com essas joias. Provavelmente, ela era uma boa pessoa.

— Mas você não acha que deveríamos entregá-las para dona Dirce, já que foi ela quem comprou o casaco? — perguntou Marlene, indecisa.

— Acredito que não, pois dona Rosa veio conversar com você.

— Vou pensar no assunto e decidir o que fazer.

Naquela mesma noite, Marlene teve um sonho no qual se encontrou com Rosa. A mulher estava sentada em frente a uma casa e lhe contou que fora esposa de um coronel, que desencarnara aos 80 anos e com quem não tivera filhos. Novamente, a anciã disse que gostaria que Marlene ficasse com as joias, pois seriam de suas filhas quando elas crescessem.

Ao amanhecer, Marlene conseguiu se lembrar do sonho, dos lindos olhos azuis e dos cabelos alvos de Rosa. Ela chegou a sentir, mesmo de maneira sutil, o cheiro do perfume da anciã.

Impressionada, Marlene levantou-se e rapidamente se aprontou para o trabalho. Tinha urgência em conversar com a sócia.

Assim que chegou ao ateliê, Marlene disse a Lourdes que ficaria com as joias sem peso na consciência, pois se encontrara com Rosa em sonho. No mesmo dia, Marlene ligou para Raul, contou-lhe o ocorrido e questionou o porquê de suas visões estarem aumentando.

— Raul, o que será que está ocorrendo? Por que será que isso está acontecendo com mais frequência?

— São seus dons, minha amiga. Sua mediunidade está se abrindo. Tudo isso é muito lindo. Acho que chegou o momento de você lidar com essa questão com mais seriedade, não? O que acha de começar a trabalhar no centro de dona Mercedes?

— Você tem razão. Acho que o momento chegou. Estou pronta!

Pouco tempo depois, Marlene passou a trabalhar no centro de dona Mercedes, desenvolvendo, a cada dia, sua espiritualidade.

Depois de enfrentar tantos percalços, Marlene, finalmente, encontrou a paz de espírito que tanto buscava ao lado de seu grande amor, Paulo José, de seus filhos Maria Helena, Ester e Carlinhos e de sua família e amigos. Ao confiar na vida e em sua força, ela construiu seu caminho.

EPÍLOGO

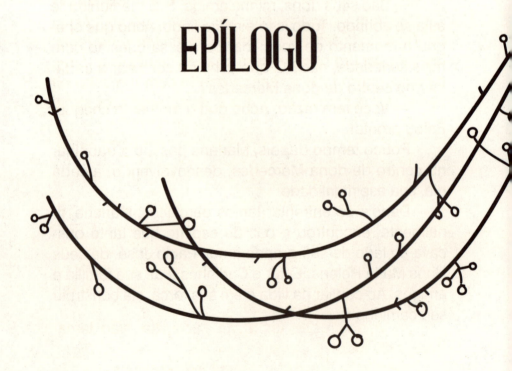

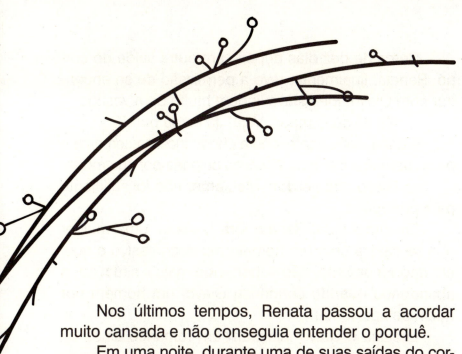

Nos últimos tempos, Renata passou a acordar muito cansada e não conseguia entender o porquê.

Em uma noite, durante uma de suas saídas do corpo, Renata viu-se próxima a uma casa com várias janelas, na qual um homem com chapéu caminhava. Atrás da casa, havia uma jovem chorando com um corte na perna, que sangrava muito. Ela aproximou-se para tentar ajudar a jovem, mas logo apareceu uma senhora segurando um maço de ervas enroladas em um pano. A mulher amarrou o unguento no corte da moça.

— O que aconteceu com ela?

A senhora, então, contou que o marido era um homem muito violento e que sua filha, tentando fugir dele, se machucara.

Renata abaixou-se para colocar as mãos sobre as pernas de Lívia — assim se chamava a moça — e começou a cuidar de seus cortes.

— Você precisa ter muita paciência. Não tema. Reze, pois tudo vai passar.

Na manhã seguinte, Renata levantou-se e, depois de algumas horas, acabou se lembrando do sonho.

Cerca de dez dias depois, em outra saída do corpo, Renata, finalmente, teve a permissão de se encontrar com Olavo. Ele estava lindo e muito bem-vestido.

— Me dê suas mãos. Veja! Já estou bem!

Renata, então, começou a chorar incessantemente e pediu perdão a ele, pois se sentia culpada por sua morte.

— Olavo, me perdoe. Meu amor não foi suficiente para protegê-lo.

Em outra vida, Renata fora Luciana, uma mulher que se casara com um homem muito agressivo e que, em dado momento, não suportando mais a situação, o abandonou quando conheceu Olavo, um homem por quem se apaixonou.

Luciana e Olavo iniciaram um romance ainda às escondidas, mas o marido da moça descobriu a traição e começou a ameaçá-la. Sem se importar com nada, os dois continuaram a se encontrar, e Luciana engravidou de Olavo. O marido da moça era estéril, então, sem saber o que faria, ela acabou comentando com uma empregada que trabalhava na casa deles sobre a criança que carregava no ventre. A mulher, contudo, traiu a confiança de Luciana e contou tudo para o patrão, que armou uma emboscada para Olavo.

Junto com alguns capangas que ele contratara, o homem bateu muito em Olavo e esfaqueou-o até a morte. Luciana não sabia o que acontecera com o amado, pois ele simplesmente desaparecera. Ela nem tivera tempo de contar-lhe sobre sua gravidez ou de se despedir do amado.

Desesperada, ela começou uma busca desenfreada pelo amado, mas ninguém o vira em canto algum. Após alguns dias, encontraram o corpo de Olavo em um matagal. Foi a irmã do rapaz, Márcia, quem auxiliou Luciana a identificar o corpo.

Assim que viu o corpo do amado jogado no matagal, Luciana desmaiou e, somente depois, contou para a polícia sobre as ameaças do marido. Com o tempo, acabaram prendendo todos os envolvidos no assassinato.

— Márcia, estou grávida de seu irmão, mas nem tive tempo de contar para ele. Que tristeza! Como viverei sem Olavo em minha vida?

— Estarei com você para ajudar a criar essa criança, Luciana. Acalme-se.

E isso realmente aconteceu. Márcia era professora, e, assim que a criança nasceu, uma linda menina chamada Dulce, a mulher passou a ajudar Luciana a criar a criança. Dulce cresceu, também virou professora e cuidou da mãe e da tia.

No astral, Olavo passou por um longo período de cura e, quando já estava bem, aproximou-se de Marcos, pois já sabia da relação que ele e Renata teriam. Olavo, então, tornou-se o espírito protetor dos dois.

Renata teve dois filhos com Marcos, seu grande amor, e continuou a fazer suas viagens ao mundo espiritual, pois era sua maneira de trabalhar pela espiritualidade. As desculpas e despedidas entre Olavo e Renata ajudaram muito a preencher o vazio que existia dentro dela, ainda que a moça desconhecesse a verdadeira razão de tudo aquilo.

Perdoar aqueles que já se foram é um ato que somente os nobres podem ter. É importante cultivarmos o amor e acreditarmos na força da vida para alcançarmos a felicidade.

Fim

A hora é *agora!*

    Viver é uma dádiva maravilhosa. Se você não está feliz, e as coisas não têm dado certo, é hora de mudar e usar seu poder de escolha para construir uma vida melhor.

    É simples. Basta você se apoiar e aceitar a vida da forma que é, sabendo que precisa aprender como as coisas são, para poder escolher o que funciona melhor.

    Nunca se ponha pra baixo. Os erros são lições naturais do desenvolvimento do Ser e ensinam mais do que tudo. Respeite seus sentimentos e trate-se com amor. Você merece.

    Comece já! Chega de sofrer. A HORA É AGORA!

Este e outros sucessos, você encontra nas livrarias e em nossa loja:

www.vidaeconsciencia.com.br/lojavirtual

GRANDES SUCESSOS DE
ZIBIA GASPARETTO

Com 19 milhões de títulos vendidos, a autora tem contribuído para o fortalecimento da literatura espiritualista no mercado editorial e para a popularização da espiritualidade. Conheça os sucessos da escritora.

Romances
pelo espírito Lucius

A força da vida

A verdade de cada um

A vida sabe o que faz

Ela confiou na vida

Entre o amor e a guerra

Esmeralda

Espinhos do tempo

Laços eternos

Nada é por acaso

Ninguém é de ninguém

O advogado de Deus

O amanhã a Deus pertence

O amor venceu

O encontro inesperado

O fio do destino

O poder da escolha

O matuto

O morro das ilusões

Onde está Teresa?

Pelas portas do coração

Quando a vida escolhe

Quando chega a hora

Quando é preciso voltar

Se abrindo pra vida

Sem medo de viver

Só o amor consegue

Somos todos inocentes

Tudo tem seu preço

Tudo valeu a pena

Um amor de verdade

Vencendo o passado

Crônicas

A hora é agora!

Bate-papo com o Além

Contos do dia a dia

Conversando Contigo!

Pare de sofrer

Pedaços do cotidiano

O mundo em que eu vivo

Voltas que a vida dá

Você sempre ganha!

Coletânea

Eu comigo!

Recados de Zibia Gasparetto

Reflexões diárias

Desenvolvimento pessoal

Em busca de respostas

Grandes frases

O poder da vida

Vá em frente!

Fatos e estudos

Eles continuam entre nós vol. 1

Eles continuam entre nós vol. 2

Sucessos
Editora Vida & Consciência

Amadeu Ribeiro

A herança
A visita da verdade
Juntos na eternidade
Laços de amor
O amor não tem limites
O amor nunca diz adeus

O preço da conquista
Reencontros
Segredos que a vida oculta vol.1
A beleza e seus mistérios vol.2
Amores escondidos vol. 3
Seguindo em frente vol. 4

Amarilis de Oliveira

Além da razão (pelo espírito Maria Amélia)
Do outro lado da porta (pelo espírito Elizabeth)
Nem tudo que reluz é ouro (pelo espírito Carlos Augusto dos Anjos)
Nunca é pra sempre (pelo espírito Carlos Alberto Guerreiro)

Ana Cristina Vargas
pelos espíritos Layla e José Antônio

A morte é uma farsa
Almas de aço
Código vermelho
Em busca de uma nova vida
Em tempos de liberdade
Encontrando a paz
Escravo da ilusão

Ídolos de barro
Intensa como o mar
Loucuras da alma
O bispo
O quarto crescente
Sinfonia da alma

Carlos Torres

A mão amiga
Passageiros da eternidade
Querido Joseph (pelos espírito Jon)
Uma razão para viver

Cristina Cimminiello

A voz do coração (pelo espírito Lauro)
As joias de Rovena (pelo espírito Amira)
O segredo do anjo de pedra (pelo espírito Amadeu)

Eduardo França

A escolha
A força do perdão
Do fundo do coração
Enfim, a felicidade
Um canto de liberdade
Vestindo a verdade
Vidas entrelaçadas

Floriano Serra

A grande mudança
A outra face
Amar é para sempre
Almas gêmeas
Ninguém tira o que é seu
Nunca é tarde
O mistério do reencontro
Quando menos se espera...

Gilvanize Balbino

De volta pra vida (pelo espírito Saul)
Horizonte das cotovias (pelo espírito Ferdinando)
O homem que viveu demais (pelo espírito Pedro)
O símbolo da vida (pelos espíritos Ferdinando e Bernard)
Salmos de redenção (pelo espírito Ferdinando)

Jeaney Calabria

Uma nova chance (pelo espírito Benedito)

Juliano Fagundes

Nos bastidores da alma (pelo espírito Célia)
O símbolo da felicidade (pelo espírito Aires)

Lucimara Gallicia
pelo espírito Moacyr

Ao encontro do destino
Sem medo do amanhã

Márcio Fiorillo
pelo espírito Madalena

Lições do coração
Nas esquinas da vida

Maurício de Castro

Caminhos cruzados (pelo espírito Hermes)
O jogo da vida (pelo espírito Saulo)

Meire Campezzi Marques
pelo espírito Thomas

A felicidade é uma escolha
Cada um é o que é
Na vida ninguém perde
Uma promessa além da vida

Priscila Toratti

Despertei por você

Rose Elizabeth Mello
Como esquecer
Desafiando o destino
Livres para recomeçar
Os amores de uma vida
Verdadeiros Laços

Sâmada Hesse
pelo espírito Margot
Revelando o passado

Sérgio Chimatti
pelo espírito Anele
Lado a lado
Os protegidos
Um amor de quatro patas

Stephane Loureiro
Resgate de outras vidas

Thiago Trindade
pelo espírito Joaquim
As portas do tempo
Com os olhos da alma

Conheça mais sobre espiritualidade com outros sucessos.

 vidaeconsciencia.com.br /vidaeconsciencia @vidaeconsciencia

ZIBIA GASPARETTO

Eu comigo!

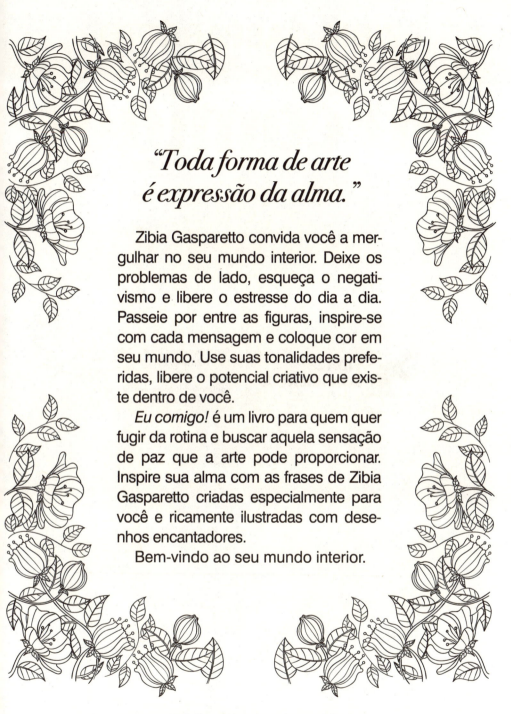

*"Toda forma de arte
é expressão da alma."*

Zibia Gasparetto convida você a mergulhar no seu mundo interior. Deixe os problemas de lado, esqueça o negativismo e libere o estresse do dia a dia. Passeie por entre as figuras, inspire-se com cada mensagem e coloque cor em seu mundo. Use suas tonalidades preferidas, libere o potencial criativo que existe dentro de você.

Eu comigo! é um livro para quem quer fugir da rotina e buscar aquela sensação de paz que a arte pode proporcionar. Inspire sua alma com as frases de Zibia Gasparetto criadas especialmente para você e ricamente ilustradas com desenhos encantadores.

Bem-vindo ao seu mundo interior.

www.vidaeconsciencia.com.br

Rua Agostinho Gomes, 2.312 – SP
55 11 2613-4777

contato@vidaeconsciencia.com.br
www.vidaeconsciencia.com.br